Nachhaltigkeit – Kein Thema!

Timo Meynhardt

Nachhaltigkeit – Kein Thema!

Fallstudien aus der Unternehmenspraxis

Timo Meynhardt
Center for Leadership
and Values in Society
Universität St.Gallen
St.Gallen
Schweiz

ISBN 978-3-658-04856-3   ISBN 978-3-658-04857-0 (eBook)
DOI 10.1007/978-3-658-04857-0

Die Deutsche Nationalbibliothek verzeichnet diese Publikation in der Deutschen Nationalbibliografie; detaillierte bibliografische Daten sind im Internet über http://dnb.d-nb.de abrufbar.

Springer Gabler
© Springer Fachmedien Wiesbaden 2014
Das Werk einschließlich aller seiner Teile ist urheberrechtlich geschützt. Jede Verwertung, die nicht ausdrücklich vom Urheberrechtsgesetz zugelassen ist, bedarf der vorherigen Zustimmung des Verlags. Das gilt insbesondere für Vervielfältigungen, Bearbeitungen, Übersetzungen, Mikroverfilmungen und die Einspeicherung und Verarbeitung in elektronischen Systemen.

Die Wiedergabe von Gebrauchsnamen, Handelsnamen, Warenbezeichnungen usw. in diesem Werk berechtigt auch ohne besondere Kennzeichnung nicht zu der Annahme, dass solche Namen im Sinne der Warenzeichen- und Markenschutz-Gesetzgebung als frei zu betrachten wären und daher von jedermann benutzt werden dürften.

Gedruckt auf säurefreiem und chlorfrei gebleichtem Papier

Springer Gabler ist eine Marke von Springer DE. Springer DE ist Teil der Fachverlagsgruppe Springer Science+Business Media
www.springer-gabler.de

Inhaltsverzeichnis

1 **Einleitung** 1
   1.1 Grundidee 1
   1.2 Die Gemeinwohlpyramide 5
   1.3 Aufbau des Buches 10
   Literatur 13

2 **Wir wollen eine „UND-Company" sein – Haniel** 15
   2.1 Das Unternehmen Franz Haniel & Cie. GmbH 15
   2.2 Spannungsfelder und Herausforderungen 20
   2.3 Résumé und Ausblick 28
   Literatur 31

3 **Wir sind ein Care-Unternehmen – Zurich Versicherung** 33
   3.1 Das Unternehmen Zurich Financial Services 33
   3.2 Spannungsfelder und Herausforderungen 36
   3.3 Résumé und Ausblick 42
   Literatur 43

4 **Für die Pflichten gerade stehen – Bucher Industries** 45
   4.1 Das Unternehmen Bucher Industries AG 45
   4.2 Spannungsfelder und Herausforderungen 48
   4.3 Résumé und Ausblick 56
   Literatur 58

5 **Der gesunde Menschenverstand ist das Maß der Dinge – Versatel** 59
   5.1 Das Unternehmen Versatel AG 59
   5.2 Spannungsfelder und Herausforderungen 63

	5.3 Résumé und Ausblick	68
	Literatur	70
6	**Sich nicht selber ins Fleisch schneiden – Weidmann**	**71**
	6.1 Das Unternehmen Weidmann/WICOR	71
	6.2 Spannungsfelder und Herausforderungen	75
	6.3 Résumé und Ausblick	79
	Literatur	80
7	**Wir sind keine Weltretter – Burson-Marsteller**	**81**
	7.1 Das Unternehmen Burson-Marsteller	81
	7.2 Spannungsfelder und Herausforderungen	83
	7.3 Résumé und Ausblick	92
	Literatur	93
8	**Ausblick: Das Lernen neu erfinden – Business Schools und Nachhaltigkeit**	**95**
	Literatur	106
9	**Übergreifende Reflexionsfragen**	**107**
	Literatur	108

Der Autor

Prof. Dr. Timo Meynhardt studierte Psychologie in Jena und Oxford (Diplompsychologe). Nach der Promotion in St.Gallen war er fünf Jahre als Practice Expert bei McKinsey & Company, Inc. in Berlin tätig. Er ist Managing Director des Center for Leadership and Values in Society an der Universität St.Gallen und Inhaber des Lehrstuhls für Management an der Leuphana Universität Lüneburg. Schwerpunkte seiner Forschung sind Public Value, gesellschaftliche Wertschöpfung, Kompetenzmanagement, Selbstorganisation und Management.

Einleitung 1

Inhaltsverzeichnis

1.1 Grundidee	1
1.2 Die Gemeinwohlpyramide	5
1.3 Aufbau des Buches	10
Literatur	13

1.1 Grundidee

Wer möchte es nicht: nachhaltig sein. Unternehmen veröffentlichen einen Nachhaltigkeitsbericht nach dem anderen. Auch die Zertifizierung von Nachhaltigkeit boomt. Wie kann Nachhaltigkeit also „kein Thema" sein? Der Titel dieses Buchs soll provozieren, denn so eindeutig ist Lage nicht. Die einen finden, dass der Begriff inflationär eingesetzt wird, tun das Nötigste im Umweltbereich und konzentrieren sich ansonsten lieber auf ihr Kerngeschäft. Andere verbinden damit gesellschaftspolitische Positionen oder sehen darin gar eine unternehmerische Chance für ihr Kerngeschäft.

Ob nun Weltverbesserer, Zeitgeistopportunisten oder pragmatische Manager – sicher scheint: „Nachhaltigkeit" ist ein Gutwort unserer Zeit. Niemand kann sich dem verschließen, auch wenn keiner gültig sagen kann, was damit gemeint ist. Dies muss man auch nicht unbedingt, denn erfolgreiche Begriffe treffen immer einen harten Kern, selbst wenn sie etwas vage scheinen. Und gerade hinter der Nachhaltigkeitsdebatte stehen zentrale Fragen unserer Lebensweise, welche ihren Preis und ihre Schattenseiten hat und deshalb manchem ein schlechtes Gewissen macht. Nur ist auch hier ständiges Nachdenken angebracht, wie hehre Forderungen mit der Realität in Einklang gebracht werden können.

Nachhaltigkeitsmaßnahmen – so eine aktuelle internationale Umfrage unter großen Unternehmen (Schaltegger et al. 2013) – werden mittlerweile stärker auf das Kerngeschäft bezogen. Es gehört heute ins Pflichtenheft jedes Unternehmens, sich Fragen der Nachhaltigkeit mit Blick auf die eigenen Produkte und Dienstleistungen zu stellen. Dies wird einfach erwartet. Nachhaltigkeit wird dann aber auch schnell zum Hygienefaktor: Man kann damit kaum noch jemanden motivieren, sondern allenfalls demotivieren, wenn entsprechende Maßnahmen ausbleiben. Die Glaubenssätze der Nachhaltigkeit verlieren ihren Glanz und ihre Anziehungskraft.

Wie kompliziert die Dinge „in Wahrheit" liegen und warum wir unsere eigenen Vorstellungen immer wieder auf den Prüfstand stellen müssen, kann eine Begebenheit illustrieren, die Dominic Barton, weltweiter Managing Director der Unternehmensberatung McKinsey & Company, Inc., berichtet:

> We had a request that had come from Xi Jinping – who was the Party Secretary in Shanghai – and is now the President of China. The request was for the 100 most interesting articles on sustainability (e.g. resource sustainability). We sent back a response – and could only find about 60 articles and books. We then received a response a few weeks later with a note suggesting the top 10 of that list – clearly showing that they had read this and had views. This reinforced to me the importance and seriousness to which the Chinese leadership takes sustainability – and that they will and are doing something on this as they continue to develop as a country. (Barton, *Persönliche Mitteilung*, 2013)

Bemerkenswert daran ist sicher einmal der festgestellte relative Mangel an interessanter Lektüre über das Thema Nachhaltigkeit. Bedeutsamer aber erscheint die große Ernsthaftigkeit, mit der die chinesische Führung sich des Themas annimmt – eine Beobachtung, die für manchen Betrachter in Kontrast zu gängigen Vorurteilen stehen dürfte.

Dieses Buch möchte sich nicht an den großen Diskussionen beteiligen. Es verfolgt ein anderes Ziel. Der Text richtet sich an Studierende, die sich mit den Erfahrungen der Praxis auseinandersetzen und sich selbst eine Meinung bilden möchten: Wie erleben Entscheider in den Unternehmen die tagtäglichen Herausforderungen? Wie gehen sie mit den erlebten Spannungsfeldern um? Was kann ich daraus für meine berufliche Zukunft lernen? Diesen Fragen sind Studierende der Universität St.Gallen in meinem Seminar „Nachhaltiges Unternehmertum" nachgegangen.

Aus den Interviews mit Managern entstand dieses Buch. Es versammelt insgesamt sechs Fallstudien über Unternehmen aus unterschiedlichsten Branchen in der Schweiz und in Deutschland. Es ist legitim, dass die Befragten in einem Dialog mit Externen stets auch sich und ihr Unternehmen vorteilhaft präsentieren. Gleichzeitig werden mit großer Offenheit und nüchterner Bestandsaufnahme die Probleme beim Namen genannt. Bemerkenswert ist vor allem der Zugang, den die Befragten zu ihren Überzeugungen und Weltbildern gewähren, die in den entstandenen Buchkapiteln wiedergegeben werden.

1.1 Grundidee

Viel nachhaltiger als dies in einer Lehrveranstaltung je möglich wäre, haben die Studierenden Einblicke in die Unternehmensrealität bekommen und sich selbst so eine eigene Position erarbeiten können. Ich danke an dieser Stelle den Studierenden für die engagierte und auch kritische Auseinandersetzung mit dem Thema und ihre Zustimmung, die Daten für das Buch weiter aufzubereiten. Soweit als möglich habe ich versucht, für die Buchversion den Stil und die Diktion der Interviews zu erhalten. So sind trotz eines identischen Grundaufbaus sehr unterschiedliche Texte und Berichtsformen entstanden, die den Besonderheiten der Gesprächspartner gerecht werden. Herzlicher Dank gebührt insbesondere den Seminarteilnehmern Saray Turan und Nicholas Berchten sowie Andreas Vogel und Pepe Strathoff für die Unterstützung in einzelnen Projektphasen. Für Lektoratsarbeiten danke ich Herrn Dr. Horst Schwarz. Die Veranstaltung und das gesamte Buchprojekt wurden von der Haniel Stiftung unterstützt, wofür ich vor allem Herrn Dr. Rupert Antes vielmals danken möchte.

Dieses Buch hat einen zweiten Entstehungshintergrund, vor dem die Idee für das Buch geboren wurde. In 2009 wurde in der Schweiz der Schweizer Dialog ins Leben gerufen (www.schweizerdialog.ch). Eine Gruppe von 30 Persönlichkeiten aus Wirtschaft, Politik und Wissenschaft hat sich zum Ziel gesetzt, neue Formen des Dialogs zwischen den unterschiedlichen Bereichen und Sektoren der Gesellschaft zu entwickeln. Auslöser dafür war die Finanz- und Staatsschuldenkrise oder noch genauer: das über Jahre gewachsene Misstrauen gegenüber der Berufsgruppe der Manager aber auch gegenüber Politikern.

Im Selbstverständnis der Teilnehmer muss sich freies Unternehmertum immer auch vor der Gesellschaft rechtfertigen können, denn sonst verlieren deren Protagonisten nicht nur Vertrauen, sondern letztlich auch Legitimation und Rückhalt. Das vorliegende Buch ist auch ein Ergebnis dieser Initiative, zum einen, weil eine Reihe der befragten Manager selbst Mitglied der Initiative ist. Zum anderen prägen die dort entwickelten Ideen den gedanklichen Rahmen des Buches. Ein Beispiel dafür ist die erste öffentliche Erklärung der Initiative: „Verantwortung für das Gemeinwohl: Der Kompass unserer Wirtschaft!" Darin heißt es:

1. *„Unsere Wirtschaft ist Spiegelbild der Gesellschaft: Wir alle sind die Wirtschaft! Es gibt keine Aussenstehenden oder Unbeteiligten. Deshalb ist ein Miteinander unerlässlich für die Wohlfahrt unseres Landes.*
2. *Die Schweiz zeichnet sich durch ein ausgeprägtes Gespür für Vernunft und Augenmass aus. Die grosse Mehrheit der Verantwortungsträger in Gesellschaft und Wirtschaft handelt verantwortungsvoll mit dem Blick aufs Ganze.*
3. *Unternehmergeist und Eigenverantwortung auf der Basis einer freiheitlich geordneten Gesellschaft sind und bleiben die Quellen des hohen Lebensstandards in*

unserem Land. Diese dürfen nicht durch Aufsichts- und Kontrollmassnahmen unverhältnismässig eingeschränkt werden.
4. *An allen Stellen der Gesellschaft sind wieder mehr Zivilcourage und Risikobereitschaft gefragt, sich abzusichern darf nicht im Vordergrund stehen. Aus Verantwortung für das Gemeinwohl müssen wir Initiative ergreifen und schöpferisch neue Wege suchen.*
5. *Unerlässlich ist die Diskussion darüber, was wir heute unter „Gemeinwohl" verstehen wollen, worin der Beitrag eines jeden bestehen sollte. Die Kraft der Konflikte müssen wir nutzen, um auch für die nächsten Generationen eine lebenswerte Welt zu hinterlassen."* (SchweizerDialog 2013)

In internen Diskussionsrunden, in öffentlichen Veranstaltungen aber auch über den Online-Dialog wurden diese Aussagen immer wieder hinterfragt und am Beispiel geprüft. Dabei wurden zwei Dinge deutlich: Erstens erweisen sich die Grundannahmen als geeignet, um unterschiedlichste (weltanschauliche) Positionen produktiv miteinander ins Gespräch zu bringen. Dies liegt vielleicht auch daran, dass der Gemeinwohlbegriff immer wieder anregend und orientierungsstiftend ist, um über unterschiedliche Wertvorstellungen zu reden. Die damit verbundenen Ideen haben seit Jahrhunderten viele Unwetter überstanden und tauchen – mal mehr, mal weniger frisch – immer dann auf, wenn es um Fragen des gesellschaftlichen Zusammenlebens und die Rolle des Einzelnen in einem Gemeinwesen geht.[1]

Im Schweizer Dialog wurde in diesem Denkzusammenhang ein Modell entwickelt, um konkrete Entscheidungen oder Aktivitäten im Unternehmensalltag auf Gemeinwohlverträglichkeit prüfen zu können. Ein Vorzug der gleich vorzustellenden sogenannten „Gemeinwohlpyramide" ist es, dass es nicht um richtig oder falsch geht, sondern um einen Bezugsrahmen für relevante Fragen. Darauf kommt es offenkundig an – das eigene Denken nicht einzuschränken, sondern offen zu bleiben für den Einzelfall und die darin liegenden Chancen und Risiken. Im Sinne einer Heuristik bildet der Ansatz deshalb auch das Rückgrat für die vorliegenden Fallstudien. Er dient als Strukturierungshilfe in jedem Kapitel, so dass Leserinnen und Leser sich schnell einen Überblick verschaffen können.

Ich möchte an dieser Stelle auch allen Teilnehmern des Schweizer Dialogs danken für den offenen und leidenschaftlichen Austausch in der Gruppe und für die Bereitschaft, Interviews mit Studierenden zu führen. Dieser Dank geht ebenso an alle anderen Gesprächsteilnehmer im Rahmen dieser Studie. Ein besonderer Dank

---

[1] In der Managementliteratur wird der Gemeinwohlbegriff aktuell unter dem Stichwort „Public Value" neu zur Diskussion gestellt (http://de.wikipedia.org/wiki/Public_Value). Siehe auch: Zeitschrift für Organisationsentwicklung (2013).

gebührt Prof. em. Dr. Peter Gomez, der den Schweizer Dialog wesentlich initiiert hat, diesen moderiert und in allen Belangen voranbringt.

St.Gallen und Lüneburg, im Februar 2014

1.2 Die Gemeinwohlpyramide

Verantwortung tragen heißt, sich gegenüber anderen zu verantworten. Dies ist leichter gesagt als getan. Insbesondere in jenen Bereichen, die vielleicht juristisch unbedenklich, aber moralisch oder politisch heikel sind. Dort kommt es darauf an, Antworten geben zu können und eigene Abwägungen zu begründen. Die Gemeinwohlpyramide (siehe Abb. 1.1) thematisiert dabei vier Spannungsfelder, die auf konkrete Entscheidungen oder Handlungen angewendet werden können:

1. Kreative vs. destruktive Zerstörung: Richtet es gesellschaftlichen Schaden an?
2. Eigeninteresse vs. gesellschaftliche Bedürfnisse: Ist es gesellschaftlich sinnvoll?
3. Ökonomische Kurzfrist- vs. Langfristerfordernisse: Ist es profitabel?
4. Angemessene Selbstbehauptung vs. moralische Empfindsamkeit: Ist es anständig?

Jede Bewertung kann aus einer oder mehrerer dieser Perspektiven erfolgen. Es ist auch einsichtig, dass kein Kriterium immer die anderen dominiert. Dazu ist die Realität zu vielgestaltig, der Wertekonsens in der Gesellschaft zu wenig ausgeprägt. Die vier Spannungsfelder sprechen aber sehr wohl grundlegende Fragen an, die dann in der Pyramide in ein Ordnungsschema gebracht werden. Mit dem Bild der Pyramide verknüpft sich jedoch nicht der Gedanke an eine Hierarchie der Werte. Sie ist in diesem Sinne nicht-normativ, sondern gründet in der Vielfalt menschlicher Grundbedürfnisse (Meynhardt 2009). Es ist durchaus sinnvoll, die Pyramide je nach kulturellen Besonderheiten und historischer Situation anzupassen und etwa die Reihenfolge der Stufen zu verändern. Konstant sind jeweils die einzelnen Spannungsfelder, die – wie angedeutet – ihre Begründung aus der Bedürfnistheorie erfahren (Meynhardt und Gomez, unter Begutachtung).

Entscheidend ist die Ausrichtung der Pyramide auf das Gemeinwohl (Public Value). Dieses wird dann berührt, wenn eigene Entscheidungen „das individuelle Erleben und Verhalten von Personen und Gruppen so beeinfluss[en] [...], dass dies stabilisierend oder destabilisierend auf Bewertungen des gesellschaftlichen Zusammenhalts, das Gemeinschaftserleben und die Selbstbestimmung des Einzelnen im gesellschaftlichen Umfeld wirkt." (Meynhardt 2008)

Mit diesen vier Spannungsfeldern werden Dimensionen des Gemeinwohls benannt. In einer demokratischen Gesellschaft kann zwar niemand dieses allein festlegen. Zumindest jedoch sollten sich Entscheidungsträger fragen, an welchen Stel-

Abb. 1.1 Die Gemeinwohlpyramide

len ihr Wirken positive oder negative Auswirkungen darauf haben kann. Ein solcher Abgleich mit gesellschaftlichen Erwartungen ist eine wichtige Voraussetzung, um die für das Gemeinwohl so wichtige Frage nach der Nachhaltigkeit beantworten zu können. Inwieweit etwa Maßnahmen und Aktivitäten im Bereich der Nachhaltigkeit tatsächlich zum Gemeinwohl beitragen, ist somit auch vom kulturellen und politischen Kontext abhängig, in dem eine solche Bewertung vorgenommen wird. Die Gemeinwohlpyramide zielt darauf ab, wichtige Bereiche der Abwägung sichtbar zu machen, ohne jedoch die „richtige" Antwort vorzugeben. Vor allem aber aktiviert und stärkt die Pyramide die Idee des gesunden Menschenverstands, der manchmal leichtfertig und zu Unrecht abgewertet wird.

Schäden für die Gesellschaft weder fördern noch dulden[2]

Ausgangsbasis bildet das Bemühen, nicht wissentlich Schaden anzurichten. Dazu gehört, nicht gegen geltendes Recht zu verstoßen und eigenes und fremdes Ver-

---

[2] Die nachfolgende Erläuterung der einzelnen Stufen ist wörtlich entnommen aus: Meynhardt und Gomez (2009).

1.2 Die Gemeinwohlpyramide

halten abzulehnen, das im Gewinninteresse gravierende soziale, ökologische oder kulturelle Schäden in Kauf nimmt. Am Hippokratischen Eid der Ärzte orientiert, ist ein solches *primum non nocere* grundlegendes Prinzip verantwortungsvollen Managements. Wer dieses Fundament nicht akzeptiert, stellt sich gegen einen gesellschaftlichen Grundkonsens zum ehrbaren Kaufmann.

Begründung: Was wir hier pointiert ausdrücken möchten, klingt zunächst wie eine Selbstverständlichkeit. Die Praxis zeigt aber, dass dem keineswegs so ist, wenn etwa in Investitionsentscheidungen allfällige Strafzahlungen eingepreist und mitkalkuliert werden. Es gilt im Großen wie im Kleinen: Mit jedem Kunden sitzt immer auch die Gesellschaft als Ganzes am Tisch!

Wir möchten allerdings auch nicht missverstanden werden: Es gibt keine von den konkreten Umständen unabhängige Position, um entsprechende Abwägungen vorzunehmen. Ein Beispiel dafür ist die komplexe Materie von Arbeitsstandards oder Auftragsvergabeverfahren in unterschiedlichen Ländern und Kulturen. Uns geht es in erster Linie um das Einhalten rechtlicher Standards und darüber hinaus um einen bewussten Umgang mit schadhaften Auswirkungen auf andere, das nicht gestattete Eindringen in die Sphäre Dritter.

Das dahinter liegende Spannungsfeld zwischen kreativer oder „schöpferischer" und destruktiver Zerstörung berührt den Kern unternehmerischer Aktivität. Die Überwindung und Ablösung des Alten durch mutige Ideen und bisherige Gewohnheiten sprengende Innovationen schließt auch ein, dass Traditionen in Frage gestellt werden, einschließlich gesetzlicher Rahmenbedingungen und politischer Verhältnisse. Nur kann niemand damit rechnen, für erzeugte Schäden im Gemeinwesen nicht zur Rechenschaft gezogen zu werden.

Gesellschaftliche Wertschöpfung anstreben

Schaden von der Gesellschaft abzuwenden ist allein noch keine Geschäftsgrundlage. Diese entsteht erst durch eine Verankerung einer Geschäftsidee in den Bedürfnissen der Menschen.

Diese sind mehr und etwas anderes als die Summe von Konsumentenwünschen. Welche Bedürfnisse im konkreten Fall im Mittelpunkt stehen, lässt sich vorab nicht festlegen. Sicher ist nur, dass die Qualität und Innovationskraft wirtschaftlichen Handelns die Entwicklung der Gesellschaft maßgeblich beeinflussen.

Begründung: Die Wirtschaft ist kein „Gegenspieler" der Gesellschaft, sondern sie sorgt für die Aufrechterhaltung und Fortentwicklung des Gemeinwesens. Ob nun Infrastruktur oder Energieversorgung, Finanzdienstleistungen oder das Gesundheitswesen – all dies sind grundlegende Leistungen, ohne die unser Wohlstand undenkbar wäre. Dies geht über das Erzielen von Gewinnen weit hinaus und hat mit Zusatzaktivitäten des Sponsorings oder dem Stiftungswesen zunächst nichts zu tun. Wirtschaftlich erfolgreiche Unternehmen leisten wertvolle Beiträge durch eine Leistungserstellung, die sich grundsätzlich am Gemeinwohl orientiert und dieses nicht nur nebenbei im Blick hat.

Es ist in einer freiheitlichen Ordnung legitim und wünschenswert, dass wirtschaftliche Akteure Eigeninteressen verfolgen. Diese Legitimation wird dann fraglich, wenn dies zu Lasten des Allgemeinwohls geht und daraus erwachsende gesellschaftliche Konflikte zu bedrohlichen Schieflagen führen. Einerseits leisten Unternehmen eine gesellschaftliche Wertschöpfung durch Steuerzahlungen und den Aufbau und Erhalt von Arbeitsplätzen. Sie ermöglichen Entwicklungschancen für den Einzelnen und ganze Regionen. Andererseits sind sie tief in der Kultur des jeweiligen Umfeldes verankert und profitieren vom Arbeitskräfteangebot, der Infrastruktur und sonstigen Rahmenbedingungen. Für uns heißt gesellschaftliche Wertschöpfung noch mehr: Wir meinen damit den Beitrag zu einem gesellschaftlichen Klima. Nur aus diesem Beitrag zur Wohlfahrt, zum Gemeinwohl leitet sich letztlich die Legitimation wirtschaftlicher Aktivität in einer Marktwirtschaft ab.

Langfristige Profitabilität und wirtschaftliche Ressourcen schaffen

Ohne eine grundlegende Akzeptanz des eigenen Geschäftes durch die Gesellschaft ist jede Profitabilitätsorientierung fraglich. Aber: Keinen Schaden anzurichten und gute Absichten zu haben reicht in der Marktwirtschaft nicht. Die finanzielle und ökonomische Wertschöpfung ist ein wesentlicher Teil gesellschaftlicher Wertschöpfung. Sozial verantwortbar ist deshalb, was nachhaltig (jenseits von Jahresabschlüssen und spekulativen Auswüchsen) profitabel ist. Dies im Interesse der Eigentümer und Kapitalgeber und im Gesamtinteresse der materiellen Wohlfahrt der Gesellschaft. Aber auch dieser Wertbeitrag muss wirksam kommuniziert werden, um dafür Akzeptanz zu finden.

Begründung: Dieser Baustein verantwortungsvollen Unternehmertums hat für uns zwei Aspekte. Zum einen steht außer Frage, dass ein Unternehmen wirtschaftlich erfolgreich agieren muss, um zu überleben. Ansonsten verliert es jede marktwirtschaftliche Legitimation. Es hat eine soziale Verantwortung gegenüber den Eigentümern. Die Profitabilität eines ertragsstarken Unternehmens sehen wir auch als Signal der Gesellschaft, dass die Produkte und Dienstleistungen wertgeschätzt wer-

1.2 Die Gemeinwohlpyramide

den. Zum anderen heben wir den Aspekt einer mittel- bis langfristigen Perspektive hervor. Damit meinen wir eine Balance zwischen notwendigen Kurzfristzielen und einer darüber hinaus reichenden gesunden Entwicklung. Der Begriff „Nachhaltigkeit" verschleiert oftmals allzu schnell, dass in einem komplexen Umfeld langfristige Wirkungen nicht seriös abschätzbar sind, Führungskräfte die Auswirkungen eigenen Handelns vielfach nicht in derselben Position erleben. Verantwortungsvoll ist es, entsprechende Abwägungsentscheidungen in diesem Spannungsfeld zwischen kurzfristigem Ergebnisdruck und längerfristiger Orientierung bewusst zu fällen und dafür einzustehen.

Anstand in Graubereichen zeigen

Jeder Unternehmer steht vor Entscheidungen, die zwar legal und profitabel sein können, aber nicht als legitim gelten und das Gerechtigkeitsempfinden massiv verletzen. Was in Graubereichen nicht mit gesellschaftlich akzeptierten Gründen gerechtfertigt werden kann, gehört nicht zur Praxis verantwortungsvollen Unternehmertums. Der gesunde Menschenverstand ist mehr denn je gefragt.

Begründung: Echte Entscheidungssituationen sind dadurch gekennzeichnet, dass die Wahl einer Alternative nicht „objektiv" richtig oder falsch sein kann. Es gibt keine eindeutig bessere Lösung; es handelt sich um Wertentscheidungen. Mit Graubereich meinen wir jene Situationen, in denen keine klaren Lösungen zur Hand sind. Dies ist im Managementalltag eher Regel als Ausnahme. Wir zielen dort auf jenen Bereich, wo der Einzelne sich hin- und hergerissen fühlt zwischen dem Bewusstsein, an der Grenze (oder darüber hinaus) des moralisch Akzeptierten zu handeln, und der Haltung, sich das Verhalten ohne Folgen „leisten" zu können oder die Ausnutzung mit guten Motiven rechtfertigen zu können. Anstand trifft ziemlich genau das, was wir damit meinen: sittlich gutes Benehmen, das sich auszeichnet durch Anerkennung von Gleichheit und Würde. Es geht einher mit der verinnerlichten Verpflichtung, die persönliche Willkür gegenüber gesellschaftlichen Werten und Normen abzuwägen. Entscheidend ist, dass dies verinnerlicht, d. h. gefühlt und zu eigen gemacht wird. Um es klar zu sagen: Anstand bedeutet für uns nicht in jedem Fall Verzicht und Rücknahme berechtigter persönlicher Interessen und gesunder Selbstbehauptung. Moralische Sensibilität heißt für uns nicht, undifferenzierte Ausrichtung an (vermeintlichen) gesellschaftlichen Erwartungen, sondern einen inneren Abwägungsprozess, für dessen Ergebnis der Einzelne auch öffentlich einzustehen bereit ist. Anstand ist eben gerade keine rationale oder rechtlich fassbare Kategorie, sondern in erster Linie eine emotional-motivationale Größe. Man kann Anstand nicht analytisch ab- oder logisch herleiten. Die Empfindung „So etwas tut man nicht" ist eine in der Persönlichkeitsentwicklung durch Erziehung und Ausbildung „eingebaute" Bremse, welche man „spürt" und „erfährt" (Zitatende).

Was bringt nun so eine Gemeinwohlpyramide, die auf Selbstverpflichtung gründet und verantwortliches Handeln einfordert? Sie stellt einen Bezugsrahmen zur individuellen Reflexion eigenen Handelns bereit. Dieser ist offen für Einzelfalllösungen und hat dennoch klare Ecken und Kanten. Im unternehmerischen Alltag sind diese durch Rahmenbedingungen (juristisch, kulturell aber auch politisch) vielfach abgesteckt. Aber es bleibt eben ein individueller Handlungsspielraum, der gerade bei Führungskräften gegeben ist – diese sind niemals allein „Opfer" ihrer sozialen Rolle. Zumindest sind es die in der Gemeinwohlpyramide thematisierten Spannungsfelder, in denen sich Entscheidungsspielräume auftun. Verantwortliches Handeln muss sich daher mindestens an den vier Dimensionen messen lassen.

Dies gilt auch und gerade für das Thema Nachhaltigkeit. Als Gutwort unserer Zeit dient es zur Rechtfertigung vieler Aktivitäten, die sich dann aber auch vor demselben Kriterienraster rechtfertigen müssen: Was (oder besser: wem) nützt es, wenn moralisch ambitionierte Nachhaltigkeitsideen finanziell-ökonomisch gerade nicht nachhaltig sind? Oder was ist die Gefahr politisch opportuner Nachhaltigkeitsrhetorik, die sich auf eine abstrakte Generationengerechtigkeit bezieht und dabei den Realitätsbezug auszublenden scheint? Nachhaltigkeit kann kein Selbstzweck sein, sondern muss sich vor der Gesellschaft und damit auch vor dem Gemeinwohl rechtfertigen. Diese Legitimation kann – so die Aussage der Gemeinwohlpyramide – durchaus inhaltlich im Einzelfall bestimmt oder zumindest hinterfragt werden. Aus diesem Grund ist die Verknüpfung von Nachhaltigkeitsüberlegungen und Gemeinwohlfragen nicht nur eine wissenschaftlich spannende, sondern auch eine managementpraktische. Im Ringen um Nachhaltigkeit spiegelt sich eben auch ein Teil des Gemeinwohldiskurses. So tangiert die – auch in den Fallstudien dominante – ökologische Komponente eben auch ökonomische, politische und moralische Fragen, die weit darüber hinausgehen, wissentlich keinen Schaden anzurichten.

1.3 Aufbau des Buches

In den nachfolgenden Fallstudien erfährt der Leser, wie Führungskräfte die Spannungsfelder thematisieren, was sie selbst sagen und tun. Auch wenn die Berichte bald von anderen rasanten Entwicklungen überholt sein sollten, sind darin doch grundlegende Managementherausforderungen zu erkennen, mit denen auch künftige Führungskräfte im Berufsleben konfrontiert sein werden.

1.3 Aufbau des Buches

Gerade die Nachhaltigkeitsrhetorik impliziert häufig auch, dass Führungskräfte in der Lage sein sollten, die langfristigen Folgen ihres Handelns seriös abzuschätzen und auf Grundlage dieser Bewertung die richtigen Entscheidungen zu treffen. In einer komplexen Welt mit widersprüchlichen Wertdynamiken ist genau das aber häufig unmöglich. Wenn eine „saubere" Entscheidungsfindung nicht möglich ist, was kann dann als Richtschnur bei Entscheidungen dienen? Hier setzt die Gemeinwohlpyramide an. Es wurde in den Interviews schnell deutlich, dass Führungskräfte sehr unterschiedliche Vorstellungen vom Thema Nachhaltigkeit haben. Die Anwendung der Pyramide führt aber überall zu einer gesteigerten Reflexion und einem erhöhten Wertbewusstsein.

Das Buch ist so angelegt, dass die Fallstudien in sich und einzeln verständlich sind. Deshalb können sie auch unabhängig voneinander in der Lehre eingesetzt werden. Die Reflexionsfragen am Ende der jeweiligen Kapitel dienen der Analyse der Fälle und stellen die Besonderheiten der untersuchten Unternehmen in den Mittelpunkt. Für Lehrpersonen ist ein Teaching Manual mit Antwortvorschlägen und einem Foliensatz zu den Hintergründen der Gemeinwohlpyramide beim Autor erhältlich (E-Mail an timo.meynhardt@unisg.ch).

Der parallele Aufbau der einzelnen Kapitel entlang der Stufen der Gemeinwohlpyramide erlaubt das Gegenüberstellen der verschiedenen Unternehmen. Dabei kann zum Beispiel ein Fokus auf die grundsätzliche strategische Einschätzung von Nachhaltigkeit oder auch auf branchenspezifische Besonderheiten bei der Umsetzung gelegt werden.

Die Fallstudien spiegeln den Stand bei den Unternehmen im Jahr 2010/11 wieder. Auf Aktualisierungen wurde bewusst verzichtet, um ein kohärentes Bild aus den Interviewergebnissen und anderen Daten zu erzeugen. Die sechs Fallstudien zu Unternehmen in der Schweiz und Deutschland zeigen die große Vielfalt in der Wahrnehmung und Behandlung des Themas Nachhaltigkeit.

Im zweiten Kapitel wird das Nachhaltigkeitsverständnis der *Franz Haniel & Cie. GmbH* beleuchtet. Die Zielsetzung *„Wir wollen eine UND-Company sein"* verweist auf den Anspruch von Haniel, in verschiedenen Dimensionen (people, planet, profit) gleichzeitig nachhaltige Werte zu schaffen, ohne diese gegeneinander auszuspielen. In dieser Fallstudie wird auch auf die Besonderheiten einer Holdingstruktur im Familienbesitz eingegangen.

Die *Zurich Versicherung* wird im dritten Kapitel portraitiert. Aus dem Selbstverständnis *„Wir sind ein Care-Unternehmen"* folgt für die Zurich eine ganzheitliche Sicht auf die Bedürfnisse der Kunden und Mitarbeiter. Die Zurich verweist auf ein vielschichtiges Engagement gegen den Klimawandel und entwickelt Produkte für vom Klimawandel betroffene Personen. Insgesamt sieht sich die Zurich als Vorbild in Sachen Corporate Responsibility.

Die im vierten Kapitel beschriebene *Bucher Industries AG* zeigt eine sehr bodenständige Einstellung zum Thema Nachhaltigkeit. Aus dem Motto „*Für die Pflichten gerade stehen*" folgt für Bucher der Anspruch, sich anständig zu verhalten, gute Arbeitsplätze zu schaffen und seine Steuern vorschriftsmäßig zu zahlen. Mit diesem Fokus auf Taten statt Worten möchte das Unternehmen einen Beitrag leisten, um ein weiteres Auseinanderdriften von Wirtschaft und Gesellschaft zu verhindern.

Das fünfte Kapitel beschreibt das Nachhaltigkeitsverständnis der *Versatel AG*. Dieses Unternehmen ist noch relativ jung und die Prozesse zur Sicherung von Nachhaltigkeit sind noch wenig formalisiert. Deshalb fasst die Aussage „*Der gesunde Menschenverstand ist das Maß der Dinge*" die Einstellung zu dem Thema gut zusammen. In der Fallstudie wird insbesondere die Bedeutung von individuellen Verantwortungskonzepten im Management deutlich.

Die *WICOR Holding AG* (Weidmann) wird im sechsten Kapitel untersucht. Das Unternehmen betont Nachhaltigkeit nicht als gesonderte strategische Priorität, sondern möchte durch qualitativ hochwertige Produkte und guten Umgang mit den Mitarbeitern dauerhaft erfolgreich sein und einen gesellschaftlichen Beitrag leisten. Diese Einstellung schlägt sich in der Devise „*Sich nicht selber ins Fleisch schneiden*" nieder.

Im siebten Kapitel wird das Nachhaltigkeitskonzept der PR-Beratung *Burson-Marsteller* beleuchtet. Dabei wird deutlich, dass in dem Dienstleistungsunternehmen weniger die Vermeidung von Schäden im Produktionsprozess im Mittelpunkt steht, sondern vielmehr die sorgfältige Auswahl der Klienten. Das Unternehmen sieht großes Potential in der Beratung der Kunden hin zu einer transparenten und ehrlichen Kommunikation. Doch man ist sich auch der Grenzen bewusst: „*Wir sind keine Weltretter.*"

Anstelle eines Ausblicks enthält das Buch ein Interview mit Prof. Dr. Thomas Dyllick, Universität St.Gallen, der maßgeblich am Aufbau der globalen Initiative „50 + 20 – Management Education for the World" beteiligt war. Diese setzt sich für eine Managerausbildung ein, die dem Gemeinwohl und der Nachhaltigkeit verpflichtet ist. In dem Interview beschreibt er die Vision von der Business School der Zukunft, begründet die zentrale Rolle des Gemeinwohlbegriffs in seinem neuen Buch und zeigt auf, welche Stufen ein Unternehmen bei der Transformation zur Nachhaltigkeit erklimmen muss.

Am Ende des Buches werden noch einmal übergreifende Fragen formuliert, anhand derer einzelne Aspekte zwischen Unternehmen vor dem Hintergrund des Interviews verglichen werden können.

Literatur

Meynhardt, T. (2008). Public Value – oder: was heißt Wertschöpfung zum Gemeinwohl? *dms – der moderne staat*, 2, 457–468.
Meynhardt, T. (2009). Public value inside: What is public value creation? *International Journal of Public Administration*, 32(3–4), 192–219.
Meynhardt, T., & Gomez, P. (2009). Public Value: Gesellschaftliche Wertschöpfung im Fokus der Führung. In St. Seiler (Hrsg.), *Führung neu denken – im Spannungsfeld zwischen Erfolg, Moral und Komplexität* (S. 125–170). Zürich: Orell Füssli Verlag AG.
Meynhardt, T., & Gomez, P. (unter Begutachtung). *Do it yourself! Building Blocks for New Pyramids of Corporate Social Responsibilities*.
Schaltegger, S., Harms, D., Hörisch, J., Windolph, S. E., Burritt, R., Carter, A., Truran, S., Crutzen, N., Ben Rhouma, A., Csutora, M., Tabi, A., Kokubu, K., Kitada, H., Haider, B. M., Kim, J-D., Lee, K-H., Moneva, J. M., Ortas, E., Álvarez-Etxeberria, I., Daub, C-H., Schmidt, J., Herzig, C., & Morelli, J. (2013). *International corporate sustainability barometer: A comparative study of 11 countries*. Lüneburg: Centre for Sustainability Management.
SchweizerDialog. (2013). http://schweizerdialog.ch/wp-content/uploads/1337756838/erklaerung_sd_final.pdf. Zugegriffen: 17. Dez. 2013.
Zeitschrift für Organisationsentwicklung. (2013). *Was wirklich zählt. Organisationen entdecken ihren Public Value*, 4.

Wir wollen eine „UND-Company" sein – Haniel

2

Inhaltsverzeichnis

2.1 Das Unternehmen Franz Haniel & Cie. GmbH 15
2.2 Spannungsfelder und Herausforderungen 20
2.3 Résumé und Ausblick 28
Literatur 31

2.1 Das Unternehmen Franz Haniel & Cie. GmbH

Die Franz Haniel & Cie. GmbH zählt zu den erfolgreichsten und größten deutschen Familienunternehmen. Im Jahr 1756 wurde das Unternehmen in Duisburg-Ruhrort gegründet und kann heute auf eine über 250-jährige Firmengeschichte zurückblicken. Während dieser langen Zeit durchlief das Unternehmen einen Wandel von einem Verpackungshaus für Kolonialwaren, zu einem Industrieunternehmen, und schließlich zu einem international aufgestellten Handels- und Dienstleistungskonzern mit rund 50.000 Mitarbeitern.

Diese Wandlungsfähigkeit wurde maßgeblich durch Franz Haniel, geboren 1779, inspiriert. Sein Gespür für den technologischen Wandel und das enorme Potenzial der Dampfmaschine veranlasste ihn, stark in die Eisenhüttenproduktion zu investieren. Durch einen sukzessiven Ausbau dieser Investments, konnte schon bald die gesamte Wertschöpfungskette, von der Produktion der Rohmaterialien über deren Veredelung bis hin zum Vertrieb, abgedeckt werden. So wandelte sich die Familie Haniel von Händlern zu Industriellen. Franz Haniel legte durch seine Geschäftstätigkeit nicht nur den Grundstein für eine erfolgreiche Entwicklung des Unternehmens, sondern gilt bis heute als Symbolfigur für Solidarität und Zusammenhalt. Dem Prinzip des ehrbaren Kaufmanns folgend, war ihm bewusst, dass wirtschaftlicher Erfolg verpflichtet. So war er einer der ersten Unternehmer weltweit, der das Wohl seiner Mitarbeiter nicht als Kosten-, sondern als Nutzenfaktor gesehen hat. Dabei hat er es, wie kein anderer vor ihm verstanden, Geschäftssinn und Gemeinsinn miteinander zu verknüpfen. Neben dem Bau von Mitarbeitersiedlungen und einem Krankenhaus für seinen Geburtsort, gründete er Deutschlands erste Betriebskrankenkasse (Franz Haniel & Cie. GmbH 2008, S. 4–12).

Nach dem Tod Franz Haniels wurden seine Nachkommen in die Verantwortung genommen, die vorhandenen Geschäftsaktivitäten weiterzuführen und auszubauen. Im Fokus standen dabei vor allem Engagements in der Industrie, im Bergbau, im Handel und in der Schifffahrt. Mit gezielten Investitionen in technische Neuerungen konnte sich Haniel auch in wirtschaftlich schwierigeren Zeiten wie der Gründerkrise behaupten und sich darüber hinaus für gesellschaftliche und soziale Belange engagieren.

Die wirtschaftlich und politisch turbulenten Zeiten in der der ersten Hälfte des 20. Jahrhunderts zwangen die Franz Haniel & Cie. GmbH zu wegweisenden Entscheidungen. So wurde 1917 erstmals ein externer Generaldirektor eingestellt. Damit gab es eine Trennung zwischen den Eigentümern und dem Management des Unternehmens. Diese Umstrukturierung der Unternehmensführung bestimmt noch heute die Corporate Governance Haniels und festigt den Geschäftserfolg nachhaltig. Die Vorteile dieses Zusammenspiels von Fremdmanagement und Eigentümern zeigten sich erstmals deutlich nach dem zweiten Weltkrieg. Viele Verbindungen zu Tochtergesellschaften brachen ab, Standorte waren zerstört und ganz Deutschland stand unter Kontrolle der Besatzungsmächte. Die flexible Unternehmensstruktur erlaubte es Haniel aber, sich schnell an diese neuen Begebenheiten anzupassen. Alte Handelsbeziehungen wurden erneuert und ein Fokus auf die Energiebranche und den Handel mit Baustoffen gelegt (Franz Haniel & Cie. GmbH 2008, S. 17–22).

Die frühen 1960er Jahre läuteten einen Perspektivenwechsel ein. Durch den Verkauf zahlreicher Tankstellen wurden Mittel frei, die es Haniel erlaubten, in den Pharma-, Groß- und Konsumgüterhandel einzusteigen. Die hierbei erworbenen Beteiligungen an der Gehe AG (seit 2003: Celesio AG) und der Metro Gruppe sind heute noch Teile des Unternehmens. Weitere Akquisitionen und Umstrukturierungen folgten in den 1980er Jahren und führten zum heutigen Beteiligungsportfolio. Bei den Zukäufen wurde stets auf eine breite Diversifizierung geachtet, um das Branchenrisiko möglichst gering zu halten. Für die Zukunft wurde der Fokus auf das Handels- und Dienstleitungsgewerbe gelegt. Des Weiteren setzte der Konzern seinen Weg in internationale Wachstumsregionen, vor allem nach Osteuropa, Asien und Nordamerika fort (Franz Haniel & Cie. GmbH 2008, S. 23–40).

Das Unternehmen konzentriert sich mit seinen Beteiligungen auf fünf Unternehmen, welche als 100-Prozent-Beteiligungen, Mehrheitsbeteiligungen sowie Minderheitsbeteiligungen gehalten werden (siehe Abb. 2.1). Auch wenn Haniel selbst eher zu den unbekannten deutschen Großkonzernen zählt, so genießen einzelne Marken aus dem Portfolio europaweite Bekanntheit.

FRANZ HANIEL & CIE. GMBH

CWS-boco	ELG	TAKKT	Celesio	METRO GROUP
▪ Textile Dienstleistungen ▪ Waschraumhygiene ▪ Schmutzfangmatten	▪ Recycling von und Handel mit Rohstoffen für die Edelstahlindustrie	▪ B2B-Spezialversandhandel für Geschäftsausstattung	▪ Patient and Consumer Solutions ▪ Pharmacy Solutions ▪ Manufacturer Solutions	▪ SB-Großhandel ▪ SB-Warenhäuser ▪ Elektrofachmärkte ▪ Warenhäuser
100%	100%	70,44%	54,64%	34,24%

Stand August 2010

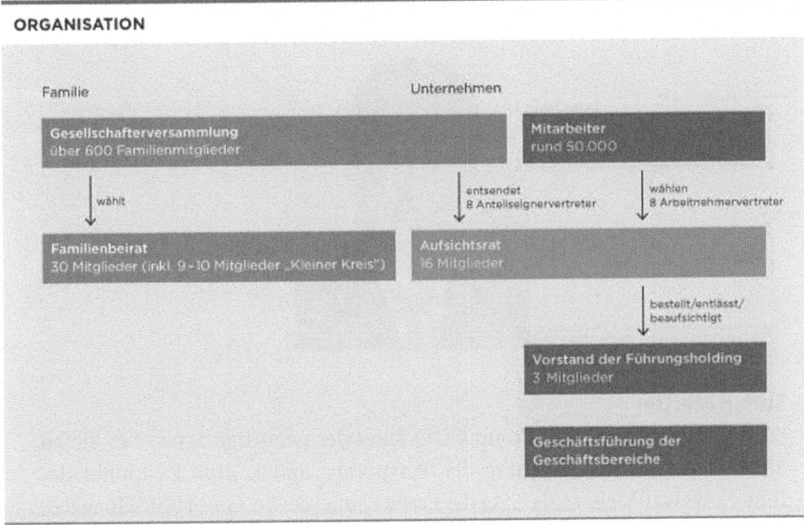

Abb. 2.1 Portfolio der Franz Haniel & Cie. GmbH, 2010a

Abb. 2.2 Unternehmensstruktur der Franz Haniel & Cie. GmbH

Die Trennung von Eigentum und Geschäftsführung ermöglicht bei Haniel eine unabhängige Entscheidungsfindung ohne den Einfluss von verwandtschaftlichen Verpflichtungen. So konnte bislang stets im Sinne der Unternehmung gehandelt und ein optimales wirtschaftliches Ergebnis erzielt werden (Franz Haniel & Cie. GmbH. 2010b).

Die Konzernzentrale besteht aus dem dreiköpfigen Vorstand und der strategischen Führungsholding (siehe Abb. 2.2). Nebst eigenen Verwaltungseinheiten sind in diesem Gefäß die konzernweiten Funktionen in Stabs- und Zentralabteilungen zusammengefasst. Diese Abteilungen unterstützen die Geschäftsbereiche in ihren operativen und strategischen Tätigkeiten. Der Familienbeirat stellt das Bindeglied zwischen der Familie und dem Unternehmen dar und übernimmt die Kommunikation gegenüber den Gesellschaftern. Der Aufsichtsrat besteht aus acht Vertretern der Anteilseigner und acht Arbeitnehmervertretern. Beide Gruppen zusammen bestimmen die Grundsätze der Geschäftspolitik mit und können dadurch die Unternehmensstrategie beeinflussen. Des Weiteren bestimmen, überwachen und beraten sie den Vorstand. Der Vorsitz des Aufsichtsrats wird dabei stets von einem Mitglied der Familie wahrgenommen (Franz Haniel & Cie. GmbH. 2010b).

Unsere Gesprächspartner bei Haniel

Stefan Meister
Als Verwaltungsrat und Group COO leitet der gebürtige Schweizer Stefan Meister die Geschäftsführung der Waypoint Capital. Zum Zeitpunkt des Interviews war Meister als CFO der Franz Haniel & Cie. GmbH für Finanzen, Corporate IT und Corporate Responsibility sowie für die Unternehmensbereiche ELG und CWS-boco verantwortlich. Davor war er im Vorstand der Celesio AG tätig. Meister hat einen Abschluss in Wirtschaftswissenschaften von der Universität Basel.

2.1 Das Unternehmen Franz Haniel & Cie. GmbH

Dr. Axel Weiler
Dr. Axel Weiler ist Head of Group Business Development und Mitglied des Executive Committee des Schweizer Technologieunternehmens Ascom AG. Zum Zeitpunkt des Interviews war er Head of Business Development/ Inhouse Consulting bei der Franz Haniel & Cie. GmbH. Davor war er bei Haniel verantwortlich für M&A-Aktivitäten. Weiler ist Diplom-Wirtschaftsingenieur und hat an der TU Chemnitz promoviert.

Dietmar Bochert
In seiner Rolle als Director Coporate Communications verantwortet Dietmar Bocher die gesamte Kommunikation der Franz Haniel & Cie. GmbH. Zum Zeitpunkt unseres Interviews war er Head of Corporate External Communications und Spokesman der Haniel-Group. Davor hatte der Diplom-Kaufmann verschiedene Positionen im Bayer-Konzern inne.

2.2 Spannungsfelder und Herausforderungen

Die Informationen der folgenden Passage beziehen sich auf die Interviews mit den Vertretern von Haniel vom 18. November 2010 (Bochert 2010; Meister 2010; Weiler 2010).

Schäden für die Gesellschaft weder fördern noch dulden

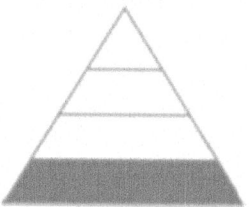

Das Ziel, kommenden Generationen eine gleiche Ausgangslage zu hinterlassen, ist das Kernelement von Haniels Nachhaltigkeitsverständnis und diente als Grundlage für die im Jahr 2010 von der Haniel-Führung und externen Spezialisten entwickelte Nachhaltigkeitsstrategie. Diese bezieht sich auf drei Dimensionen von Nachhaltigkeit: auf den Menschen (People), die Umwelt (Planet) und den Geschäftserfolg (Profit) (siehe Abb. 2.3). Das entlang dieser Dimensionen aufgespannte Integral (schattierte Fläche in Abb. 2.3) soll maximiert werden, ohne eine der drei Dimensionen zu verkleinern. So können Geschäftsaktivitäten nur dann nachhaltig sein, wenn sie keine gesellschaftlichen oder ökologischen Schäden verursachen und nicht zuletzt wirtschaftlich Erfolg versprechen. Stefan Meister unterstreicht die hohe Bedeutung dieser Handlungsrichtlinie: „Wir werden bei Haniel in Zukunft nichts machen, keine Akquisitionen, keine Geschäfte, welche nicht in diesen drei Dimensionen Wert schaffen".

Bemerkenswert am 3P-Modell von Haniel ist vor allem der Punkt, dass keine der Dimensionen verkleinert werden darf, auch nicht, um eine der anderen zu vergrößern. Die Vermeidung von Schäden für die Gesellschaft wird also stark betont.

Haniel sieht sich als UND-Company, die hinsichtlich der drei identifizierten Dimensionen Wert schaffen will. Diese Einstellung erklärt auch das berühmte Zitat von Prof. Dr. Jürgen Kluge, Vorstandsvorsitzender der Franz Haniel & Cie. GmbH: „There are no trade-offs." Keine der Dimensionen darf zu Gunsten einer anderen

2.2 Spannungsfelder und Herausforderungen

Abb. 2.3 Erklärung des 3P-Modells (fiktives Beispiel)

verkleinert werden. Auch Dr. Weiler bestätigt diese Sicht: „Man kann eine UND Company sein und an allen drei Dimensionen positive Entwicklungen schaffen. Ist aber nicht einfach". Dass es dennoch möglich ist, belegt das folgende fiktive Beispiel. So könnten Mitarbeiter, die bei der Wahl ihres Geschäftswagens auf einen geringen CO_2-Ausstoss achten, mit einem Bonus belohnt werden, der es ihnen wiederum erlaubt, sich mehr Extraausstattungen zu leisten. Diese Extras erhöhen die Dimension „People", da der Nutzen der Mitarbeiter maximiert werden kann. Des Weiteren schont der geringere Benzinverbrauch die Ausgaben der Unternehmung, was sich direkt auf den „Profit" auswirkt, und verringert die Umweltbelastung, gemessen in der Dimension „Planet".

Bei der Umsetzung dieses Konzepts im Haniel Konzern ist eine Differenzierung zwischen der Holding und den einzelnen Geschäftsbereichen unerlässlich und führt zu unterschiedlichen Ergebnissen. Es waren sich alle Interviewpartner darüber einig, dass die Holding keinen gesellschaftlichen Schaden verursacht, sondern im Gegenteil sogar gesellschaftlichen Wert (Public Value) schafft. Somit unterscheidet und distanziert sich die Holding deutlich von Private-Equity-Gesellschaften, die teilweise wie „Heuschreckenschwärme über Unternehmen herfallen" (Franz Müntefering), diese aufteilen, verkaufen und somit zerstören. Der Fokus von Haniels strategischem Portfolio Management liegt vielmehr auf den Entwicklungspotenzialen neuer Beteiligungen. Interessante Unternehmen werden in ihrer Wachstumsphase gekauft und mit Hilfe des bei Haniel vorhandenen Know Hows internationalisiert, professionalisiert und allgemein wettbewerbsfähig gemacht. Diese Vorgehensweise sichert nicht nur neue Arbeitsplätze, neue Umsätze oder ein neues Leistungsangebot, sondern kann unter Umständen auch globale gesellschaftliche Probleme lösen. Nach Aussage von Bochert stellen vor allem junge Unternehmen, die sich mit globalen gesellschaftlichen Problemstellungen wie der Wasser- oder Energieversorgung befassen, interessante Investitionsprojekte dar, denn dort „schadet man nicht, sondern man bewahrt vielleicht vor Schaden oder kann dafür sorgen, dass Schaden gar nicht erst auftritt".

Doch auch innerhalb der einzelnen Geschäftsbereiche ist Haniel bemüht, Schäden zu verhindern. So wurde beispielsweise der industrielle Waschprozess von Berufskleidung bei CWS-boco effizienter und umweltfreundlicher gestaltet, indem der Wasserverbrauch auf ein Minimum reduziert wurde. Derartige Bemühungen sind aber durch zwei Faktoren limitiert. Einerseits will Haniel bewusst nicht in die operative Führung der dezentral geleiteten Geschäftsbereiche eingreifen, andererseits sind solche Eingriffe bei nicht 100 % Beteiligungen ohnehin rechtlich beschränkt. Meister fasst dies prägnant zusammen: „Wenn man überall die Verantwortung übernehmen wollte, dürfte man nur 100 % Gesellschaften haben". Das spricht aber nicht gegen eine unternehmerische Verantwortung des Haniel Konzerns. Durch das Nachhaltigkeits-Konzept wird ein Rahmen aufgestellt, innerhalb dessen alle Beteiligten gemeinsam an einer Lösung arbeiten sollen.

Als Muttergesellschaft kümmert sich Haniel vor allem um übergreifende soziale Fragestellungen und versucht, einen nachhaltigen Beitrag zu deren Lösung zu leisten. Die Geschäftsbereiche legen einen stärkeren Fokus auf soziale Themen entlang der Wertschöpfungskette. Zum Beispiel unterstützt Celesio die Hilfsorganisation „Ärzte für die Dritte Welt" und legt dabei besonderen Wert auf das Thema Arzneimittelsicherheit.

Gemäß Meister bestehen in den einzelnen Geschäftsbereichen durchaus noch Schwierigkeiten, zu deren Lösung Wege gefunden werden müssen. Bochert sieht das Problem vor allem darin begründet, dass oft noch nicht die komplette Wertschöpfungskette angeschaut wird. Zwar werden z. B. bei TAKKT Warenprozesse gebündelt und das Verpackungsmaterial wird so weit wie möglich reduziert, doch sollten vermehrt auch die Dienstleistungen der Zulieferer und Abholer betrachtet werden. Bochert ist der Meinung, dass man sich fragen sollte, „kann ich denn für die auch noch einen Beitrag leisten zum Thema Nachhaltigkeit?", um schlussendlich die gesamte Wertschöpfungskette des Produkts oder der Dienstleistung so nachhaltig wie möglich zu gestalten.

2.2 Spannungsfelder und Herausforderungen

Die Umsetzung in den einzelnen Geschäftsfeldern bei Haniel gestaltet sich jedoch nicht immer leicht, weil man den Geschäftsbereichen keine Richtlinien starr aufzwingen will. Vielmehr wird nach Aussage von Bochert versucht, Leitplanken zu setzen aber jeweils an den Unternehmensbereich angepasst auch Freiraum zu gewähren. Aus diesem Bedürfnis heraus wurde von Haniel der Nachhaltigkeitsrat gebildet, in dem sich die Geschäftsleiter der Unternehmensbereiche regelmäßig treffen, um Haniels Konzepte zu diskutieren und gemeinsam übergreifende Konzepte zu entwickeln und von best practices zu profitieren. Dabei gilt der Grundsatz, dass die Geschäftsbereiche selber für die Identifikation der relevanten Themen und geeigneten Maßnahmen verantwortlich sind, diese aber in das Haniel Anforderungsprofil passen müssen.

Vor allem im Business-to-Customer Geschäft lässt sich momentan ein positiver Trend hinsichtlich der gesellschaftlichen Wahrnehmung von Nachhaltigkeit feststellen. Der direkte Endkunde, „der im Laden steht und sagt: Ich kaufe Öko!", hat einen enormen Einfluss auf die Art und Weise, wie Unternehmen in der Zukunft produzieren und sich in der Öffentlichkeit darstellen werden. Doch auch im Business-to-Business Geschäft nimmt der öffentliche Druck zu: „Nachhaltigkeit bekommt eine Agenda, unsere Geschäftsbereiche bekommen Anfragen hinsichtlich ihrer Supplier Relations und wie wir mit diesem Thema umgehen. Das wird wichtiger, der Druck wird grösser und da muss man drauf reagieren." Durch diesen Trend wird nachhaltiges Wirtschaften zunehmend zu einer Erfolgsvoraussetzung. Beispielsweise muss CWS-boco, um an öffentlichen Ausschreibungen in Holland teilzunehmen, nachweisen, dass sich Nachhaltigkeit in der Unternehmenstätigkeit niederschlägt. Erfüllt CWS-boco diese Voraussetzungen nicht, hat dies den Verlust des Auftrags und somit einen direkten wirtschaftlichen Nachteil zur Folge. Diese sofortige Umsatz- und Gewinnwirkung stellt dabei natürlich einen großen Anreiz dar, nachhaltig zu wirtschaften.

Gesellschaftliche Wertschöpfung anstreben

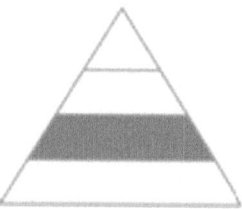

Auf die Frage ob Haniels Handlungen gesellschaftlich wertvoll sind, antwortet Weiler: „Ist Wirtschaften allgemein gesellschaftlich wertvoll? Ich glaube ja und damit auch das, was wir hier tun!". Doch Haniels Verständnis von gesellschaftlicher Wertschöpfung erschöpft sich nicht in der Gewinnmaximierung. Dem Prinzip des ehrbaren Kaufmanns folgend, engagiert sich die Holding vor allem in der Standortverantwortung für die Ruhrregion und in der Bildungsförderung. Diese Engagements sind natürlich nicht nur altruistisch, sondern zum Teil auch strategisch motiviert. Denn sie sind nahe am Kerngeschäft der Holding, also der Identifikation, dem Kauf und der Entwicklung von Beteiligungen. So fühlen sich Mitarbeiter in einem prosperierenden Umfeld wohler, arbeiten motivierter und generieren dadurch einen Mehrwert für das Unternehmen. Haniel möchte verdeutlichen, dass das Ruhrgebiet anders ist, „es ist halt nicht mehr dieses Schimanski-Image; dieses grau, staubig, hier kriegt man auf die Nuss wenn man um die Ecke geht Image". Auch durch die Initiative „Bildung als Chance", wird versucht, den Standort Duisburg nachhaltig zu fördern. Ausgehend vom Grundsatz, dass „Bildung nicht herkunftsbezogen sein darf" und der Überzeugung, dass sie „das wichtigste Element ist, um Haniels Wertschöpfung durchzuziehen", versucht die Holding, durch verschiedenste Projekte die Basisbildung zu fördern. Diese Aktivitäten sind teilweise eng verzahnt mit externen Partnern. Zum Beispiel kooperiert Haniel mit der Teach First Deutschland und fördert besonders deren Aktivitäten in Duisburg.

Anzumerken ist hierbei, dass sich die Vertreter des Haniel Konzerns nicht der Illusion hingeben, alles optimal zu erfüllen, denn „wo gehobelt wird, da fallen Späne". So lassen sich sowohl in der Holding als auch in den Geschäftsbereichen potenzielle Verbesserungen identifizieren, „aber vom Grundsatz her sind die Geschäfte durchaus vernünftige Geschäfte, wo man auch einen gesellschaftlichen Nutzen erkennen kann".

Auch außerhalb der eigenen Wertschöpfungskette ist sich die Holding ihrer unternehmerischen Verantwortung bewusst. Vor allem im Bereich Bildung, Familie und Interaktion sieht sich Haniel als „Unternehmensbürger" in der Pflicht, för-

2.2 Spannungsfelder und Herausforderungen

dernd und unterstützend mitzuwirken. So fördert Haniel unter anderem Schulen, Orte zur Jugendbetreuung und große Veranstaltungen, wie die Ruhr 2010, um den Standort zu pflegen und zu verbessern.

Während sich die Haniel Holding fast ausschließlich im Ruhrgebiet sozial engagiert, ist die Haniel Stiftung international aktiv. Die juristisch eigenständige Stiftung wird von der Holding und den Anteilseignern, also den Familienmitgliedern, finanziert. Ziel ist es, „das Engagement von Unternehmern für das Gemeinwohl zu stärken, das Unternehmerbild in der Gesellschaft positiv zu prägen, [sowie] die Aus- und Weiterbildung von Führungsnachwuchs in Deutschland und auf internationaler Ebene zu unterstützen" (Franz Haniel & Cie. GmbH. 2010c, S. 6). Dies soll gemäß der Nachhaltigkeitsstrategie durch die Setzung von vier Schwerpunkten erreicht werden: Gewährung von Stipendien für Nachwuchskräfte, Kooperationen mit Hochschulen, um Lehrangebote zu schaffen, Einrichten von Plattformen zum Meinungsaustausch und Unterstützung der regionalen Bildung. Der Großteil der zwei Millionen Euro, welche jährlich vergeben werden, entfällt dabei auf die Vergabe von Stipendien. Im Gegensatz zur Holding legt die Stiftung daher den Schwerpunkt eher auf eine Elite-Förderung als auf eine allgemeine Bildungsförderung (Franz Haniel & Cie. GmbH. 2010c, S. 6).

Haniel setzt sich als strategische Managementholding intensiv für nachhaltiges Wirtschaften und für das Engagement im sozialen Bereich ein. Für eine Holding ist es nicht nur ausschlaggebend, dass die eigenen Aktivitäten dem Postulat der Nachhaltigkeit gerecht werden, sondern dass auch die einzelnen Geschäftsfelder im Portfolio nachhaltig arbeiten.

Langfristige Profitabilität und wirtschaftliche Ressourcen schaffen

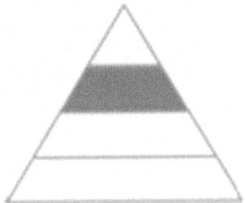

Die dritte Stufe der Gemeinwohlpyramide, langfristige Profitabilität und wirtschaftliche Ressourcen zu schaffen, befasst sich unter anderem mit dem Zielkonflikt, ob Profitabilität eine Voraussetzung für Nachhaltigkeit ist, oder ob nur nachhaltiges Wirtschaften einen Profit ermöglichen kann (SchweizerDialog 2010). Eine mögliche Lösung dieses Zielkonflikts formuliert Weiler: „Profitabilität ist die Voraussetzung, aber Nachhaltigkeit unterstützt die Profitabilität". Er folgt damit dem Grundsatz, dass man zuerst Geld erwirtschaften muss, um nachhaltige Projekte überhaupt unterstützen zu können. Die zentrale Herausforderung hierbei ist aber, für sich selbst zu entscheiden, wie man sein Geld verdienen will. Denn „wenn ein Business nicht nachhaltig aufgestellt ist, wird es langfristig nicht erfolgreich sein". Aus diesem Grund wurde das Thema Nachhaltigkeit mittlerweile auch in den Akquisitionsfilter der Holding übernommen. Mit anderen Worten werden nur noch jene Unternehmen in Betracht bezogen, die den strengen Nachhaltigkeitskriterien des Haniel Konzerns gerecht werden. In diesem Selbstverständnis ist Nachhaltigkeit einer der wichtigsten Erfolgstreiber. Dies folgt auch einer strategischen Motivation, die auf der Überzeugung beruht, dass alle bestehenden Stakeholder dauerhaft zufrieden gestellt werden können, indem nachhaltige Geschäftsmodelle umgesetzt werden. Zumindest längerfristig betrachtet können diese durchaus profitabel sein. Dieser Ansatz zeigt die enge Verbindung zwischen langfristigem Denken und nachhaltigem Wirtschaften, welche durch die Haniel-Familie vorgelebt wird. Beispielsweise wird in wirtschaftlich guten Zeiten auf Teile der Dividenden verzichtet, um eine zukünftige Weiterentwicklung des Konzerns zu ermöglichen. Auch in wirtschaftlich schlechten Zeiten wird dieses Selbstverständnis deutlich. So ist die Strategie auch in Krisenzeiten darauf ausgelegt, entlang der beschriebenen drei Dimensionen (3P-Modell) Wert zu generieren. Denn „das ist der Unterschied zwischen kurz- und langfristigem Denken: wenn sie die Bemühungen um Nachhaltigkeit kurzfristig runterfahren, können sie kurzfristig Gewinn maximieren, aber langfristig bringt das nichts".

Die Herausforderung, nachhaltig zu wirtschaften war und ist auch heute noch für Haniel strategieleitend. Förderlich für dieses Verständnis ist nicht zuletzt die Unternehmensform. So erwähnte Bochert, dass Familienunternehmen, teilweise ohne darüber nachzudenken, nachhaltig handeln, „nicht unbedingt aus wirklich strategischen Gesichtspunkten, sondern weil einfach das Unternehmen für sie einen Wert darstellt und sie wissen, dass dieser Wert nur dann existiert und weiterleben kann, wenn ich auch den anderen Bausteinen, die zu dem Wert beitragen, nämlich den Mitarbeitern, der Gesellschaft [...], der Umwelt [...] auch einen Wert entgegenbringe oder sie als Wert sehe". Für Haniel stellt Nachhaltigkeit keinen Kosten-, sondern einen Nutzenfaktor dar. Der Begriff der „Enkelfähigkeit" und die richtungweisenden Haniel-Werte machen deutlich, dass alle Unternehmensaktivitäten auf eine nachhaltige und langfristige Entwicklung ausgerichtet sind. Die Familien-Unternehmensstruktur erleichtert dies im Gegensatz zu börsenkotierten Unternehmen, bei denen die Anteilseigner auch kurzfristig zufriedengestellt werden müssen.

2.2 Spannungsfelder und Herausforderungen

Historisch in der christlichen Ethik verwurzelt und geprägt durch das Prinzip des ehrbaren Kaufmanns, umfassen diese Werte im Einzelnen: Sicherung einer langfristigen Profitabilität, Förderung der Mitarbeiter, vorausschauendes und verantwortungsvolles Handeln, aktive Mitgestaltung des wirtschaftlichen Umfeldes, Übernahme von Verantwortung, sowie das Denken in Generationen, auch „Enkelfähigkeit" genannt. Letztere stellt einen der zentralsten Eckpunkte von Haniels Selbstverständnis dar. Kommenden Generationen sollen demnach mindestens die gleichen Möglichkeiten offenstehen wie der heutigen Bevölkerung. Dies bedingt, dass Werte und Ressourcen nur in nachhaltiger Weise genutzt werden dürfen, heißt jedoch im Gegenzug nicht zwingend, dass neue Werte geschaffen werden.

Anstand in Graubereichen zeigen

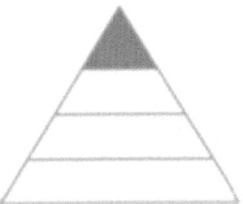

Mit der Frage nach Anstand in Grauzonen konfrontiert, definiert Stefan Meister sein Verständnis wie folgt: „Anstand ist das, was gesetzlich und verfassungsmäßig erlaubt ist und sowohl das Empfinden als auch die Freiheiten Dritter nicht tangiert". Anstand darf sich aber nicht in der strikten Befolgung von Gesetzen und Vorschriften erschöpfen. Das Verständnis von „Anstand als Teil des Wortes Beanstanden" geht so weit, dass sowohl jedes persönliche als auch das wirtschaftliche Verhalten von der Gesellschaft legitimiert werden muss und somit keinen Raum für Beanstandungen offen lässt. Dies deckt sich auch wiederum mit dem 3P-Modell, wonach wirtschaftliches Handeln nur dann legitim ist, wenn es weder gesellschaftliche noch ökologische Schäden nach sich zieht. Handlungsleitend für Haniel ist dabei ein „Code of Conduct", der, basierend auf dem gelebten Wertesystem der Haniel-Familie, konkrete Verhaltensvorschriften vorgibt. Diese gelten global und tragen dafür Sorge, dass Graubereiche nicht schamlos ausgenutzt werden, wie dies bei anderen Firmen teilweise praktiziert wird. So weigert sich die Holding einerseits, in Regionen oder Ländern tätig zu werden, deren Wertvorstellungen oder gesetzliche Rahmenbedingungen in Konflikt mit ihren Verhaltensvorschriften stehen, andererseits macht Meister aber deutlich, dass in anderen Ländern andere Sitten herrschen „und wenn man in anderen Ländern erfolgreich sein will, muss man auch bereit sein, sich in einem erlaubten gesetzlichen Rahmen so zu verhalten, wie es in diesen Ländern üblich ist". An dieser Stelle kommt aber das ethische Grundgerüst eines Unternehmens ins Spiel. So „ist es zwar in Pakistan erlaubt, dass Kinder für Hungerlöhne irgendwelche Kleider nähen, aber das würden wir nie unterstützen". Haniels Bemühungen gehen auch in anderen Bereichen über die gesetzlichen Rahmenbedingungen hinaus. Beispielsweise bestehen in Deutschland keine strengen Anforderungen hinsichtlich des CO_2-Ausstosses von Geschäftswagen. Dennoch stattete CWS-boco alle Fahrzeuge mit dem umweltfreundlicheren Erdgasantrieb aus. Solche Umstellungen verlangen natürlich gewisse Anfangsinvestitionen, die sich nicht jedes Unternehmen leisten kann. Haniel versucht aber mit gutem Beispiel und dem Glauben daran, dass sich solche Investitionen langfristig rechnen werden, voranzugehen und dadurch „anständig zu sein, indem [sie] mehr tun als der Graubereich hergibt". Die Gesellschaft muss zwar über Gesetze einen Verhaltensrahmen für Unternehmen setzen, letztendlich muss aber jedes Unternehmen für sich selbst bestimmen, in wie weit diese Rahmenbedingungen für den eigenen Vorteil ausgedehnt werden. An diesem Punkt spielt das Management eine Schlüsselrolle, „denn in einem Unternehmen wird nur das ernst genommen, was das Management auch vorlebt." Diese Vorbildrolle wird durch den Nachhaltigkeitsrat wahrgenommen und man folgt dabei der Überzeugung, dass „Nachhaltigkeit wichtig ist, denn ohne sie werden Unternehmen langfristig verlieren und vielleicht nicht mehr existieren". Dieser „Hygienemechanismus" wird zukünftig dazu führen, dass Unternehmen gezwungen sind, Anstand in Graubereichen zu zeigen.

2.3 Résumé und Ausblick

Die ausgeführten Beispiele, allen voran die Engagements der Symbolfigur Franz Haniel, zeigen deutlich, dass sich die Franz Haniel & Cie. GmbH ihrer unternehmerischen Verantwortung bewusst ist. Dabei ist der Begriff „Nachhaltigkeit" ein zentrales Element von Haniels Selbstverständnis und folgt einer Vision, in der sich die fest im Unternehmen verankerten und gelebten Haniel-Werte wiederfinden:

> Die Geschichte als über Generationen erfolgreiches Familienunternehmen prägt unsere Ambitionen für künftige gesellschaftliche, ökologische und ökonomische Wertbeiträge. Nachhaltigkeit ist unsere Leitidee für unternehmerisches Handeln. Bis 2020 wollen wir auf diesem Gebiet ein vorbildliches Familienunternehmen sein. (Franz Haniel & Cie. GmbH., ohne Jahr)

2.3 Résumé und Ausblick

Trotz bisher sichtbarer, positiver Resultate sind bestimmte Entwicklungsrichtungen und -potenziale klarer zu identifizieren. Das betrifft die Arbeit an möglichen Lösungen für unternehmensinterne Spannungsfelder, aber auch die Beachtung von unternehmensexternen Entwicklungen.

In der internen Sicht steht die Haniel-Holding mittlerweile in der Verantwortung, die konzeptionell erarbeiteten Grundlagen auf die einzelnen Geschäftsbereiche zu übertragen. Gemäß Weiler sei die Unternehmensleitung dabei aber nicht bestrebt, die nötigen Vorgaben von oben aufzuoktroyieren. Vielmehr solle ein Dialog gefördert werden, im Zuge dessen die Notwendigkeit, nachhaltig zu wirtschaften, erkannt wird und in der Folge aus eigener Überzeugung die nötigen Maßnahmen durch die Tochtergesellschaften ergriffen werden. Bei dieser Diskussion muss vor allem das Management der einzelnen Geschäftsbereiche von der entwickelten Strategie überzeugt werden. Fraglich bleibt an dieser Stelle jedoch, ob ein solch gewünschtes Self-Commitment alleine durch die Überzeugung und die Mitarbeit des Managements in den Workshops erreicht werden kann. Es bleibt abzuwarten, wie die eigens entwickelte Corporate Responsibility-Strategie im Alltag umgesetzt wird (Müller et al. 2013).

Auch durch einen strategischen Ausbau der Beteiligungsverhältnisse kann der Einfluss in einzelnen Tochterunternehmen gestärkt werden, um dann in einem zweiten Schritt konkrete Vorgaben, mit entsprechenden Sanktionierungsmaßnahmen bei Nicht-Einhaltung, zu entwickeln und durchzusetzen. Neben der Umsetzung der entwickelten Nachhaltigkeitsstrategie stehen auch die einzelnen Geschäftsbereiche in der Verantwortung, eigene, individuelle Lösungen zu entwickeln, denn „wir haben in den einzelnen Geschäftsbereichen sicher noch viele Dinge, die nicht optimal sind und wo man einen Weg finden muss, wie man diese ausfeilen kann" gibt Meister zu. Dieser Punkt könnte, so Bochert, in einem weiteren Schritt hinsichtlich einer unternehmerischen Verantwortung entlang der Wertschöpfungskette auch auf Lieferanten und Abnehmer übertragen werden und somit die Fragen „Welche Lieferanten kommen mit rein? Wie nachhaltig agieren die? Wie geht es nach hinten raus, wenn ich meine Produkte abliefere?" beantwortet werden. Es besteht ein enormes Potential an möglichen Präventivmaßnahmen. Die einzelnen Geschäftsbereiche verfolgen bereits mit großem Erfolg diverse Maßnahmen, um Energie, Wasser und andere Rohstoffe einzusparen. Die Ziele für die Holding werden in einer gesonderten Strategie (Haniel 2020) gebündelt.

Aufbauend auf den Erfahrungen aus der 250-jährigen Firmengeschichte, kann Haniel das Thema Nachhaltigkeit gezielt angehen. Besondere Bedeutung kommt bei dieser Aufgabe den Managements der einzelnen Geschäftsbereiche und auch den Mitgliedern des Nachhaltigkeitsrats zu. Sie stehen in der Verantwortung, das

Konzept zu verwirklichen und vorzuleben. Wünschenswert wäre an dieser Stelle die Schaffung eines nachhaltigen Selbstverständnisses in allen Bereichen des Unternehmens, sodass der Nachhaltigkeitsrat nur noch als administrativer Leiter agieren müsste. Die Entwicklung dieses Selbstverständnisses sollte forcierter angegangen werden, um zu erreichen, dass potenzielle, nachhaltige Präventivmaßnahmen auch in den einzelnen Geschäftsbereichen auf die Tagesordnung gesetzt werden.

Eines der wichtigsten unternehmensexternen Entwicklungspotenziale ist die Wahrnehmung der Nachhaltigkeitsthematik in der Öffentlichkeit. Zwar wächst laut Bochert in der Wirtschaftswelt zunehmend die Erkenntnis, „dass man in Zukunft nur noch langfristig erfolgreich sein kann, wenn man sich nachhaltig verhält, aber an diesem Punkt sind wir noch nicht". Hinsichtlich dieser Thementrägheit muss der vergangenen Finanzkrise zu Gute gehalten werden, dass sie „dem Thema Nachhaltigkeit einen starken Schub verliehen hat". Gelingt es, ein fundiertes Nachhaltigkeitsverständnis in der Gesellschaft langfristig zu etablieren, könnte es möglich sein, „dass in zehn Jahren die erfolgreichsten Unternehmen dieser Welt nur noch Strategien haben, welche entlang der drei Dimensionen (3P-Modell) Werte schaffen, die anderen wird es nicht mehr geben."

„Ich möchte mir nicht anmaßen, unseren Weg als den besten zu bezeichnen. Ich denke, wir sind auf einem guten Weg, müssen aber noch viel tun". Diese Aussage Weilers steht exemplarisch für das Selbstverständnis der Franz Haniel & Cie. GmbH. Weitsicht, Fleiß, Disziplin und Bescheidenheit zeichnen den Idealtypus des ehrbaren Kaufmanns aus. Diese im Unternehmen tief verankerten und von der Familie vorgelebten Werte lassen die Welt von Haniel nicht nur scheinbar perfekt erscheinen. Dem Unternehmen gelingt es glaubhaft, seine unternehmerische Verantwortung zu übernehmen. Somit kann Haniel als eine mögliche Idealform eines nachhaltigen Unternehmens angesehen werden. Die formulierte Vision, 2020 auf dem Gebiet der Nachhaltigkeit eines der führenden Familienunternehmen zu sein, scheint erfüllbar.

Reflexionsfragen

- Wie bewerten Sie die Nachhaltigkeitsanstrengungen bei Haniel? In welchen Bereichen ist Haniel besonders erfolgreich und wo sehen Sie Herausforderungen?
- Haniel will eine „UND-Company" sein. Was bedeutet das ganz konkret für unternehmerische Entscheidungen?
- Die Nachhaltigkeitsstrategie von Haniel ist durch das „3P-Modell" geprägt. Wie unterscheidet sich dieses von dem in der Einleitung beschriebenen Mo-

dell der Gemeinwohlpyramide? Wo sehen sie die Stärken und Schwächen der beiden Modelle?
- Inwiefern beeinflusst die Gesellschaftsform eines Unternehmens dessen Nachhaltigkeitsanstrengungen? Welche Eigenheiten zeigt Haniel dabei?

Literatur

Bochert, D. (2010). *Persönliches Interview*. Geführt von Max Breucha, Philipp Hirsbrunner und Jens Leyendecker (18. Nov. 2010).
Franz Haniel & Cie. GmbH. (2008). *Die Haniel Geschichte 1756–2008*. http://www.haniel.de/irj/go/km/docs/haniel_documents/hcw/public/haniel/group/Geschichte/Kurzchronik_deutsch. Zugegriffen: 27. Nov. 2010.
Franz Haniel & Cie. GmbH. (2010a). *Portfolio*. http://www.haniel.de/public/de/portfolio. Zugegriffen: 28. Nov. 2010.
Franz Haniel & Cie. GmbH. (2010b). *Corporate Governance*. http://www.haniel.de/public/de/responsibility/CorporateGovernance. Zugegriffen: 2. Dez. 2010.
Franz Haniel & Cie. GmbH. (2010c). *Unternehmerische Verantwortung bei Haniel*. Internes Strategiepapier.
Franz Haniel & Cie. GmbH. (ohne Jahr). *Corporate Responsibility*. http://www.haniel.de/de/verantwortung/corporate-responsibility/. Zugegriffen: 21. Jan. 2014.
Meister, S. (2010). *Persönliches Interview*. Geführt von Max Breucha, Philipp Hirsbrunner und Jens Leyendecker (18. Nov. 2010).
Müller, J., Menz, M., & Meynhardt, T. (2013). Haniel (A): Corporate strategy and corporate responsibility, Fallstudie, The Case Centre.
SchweizerDialog. (2010). *Konzept: Die Gemeinwohlpyramide*. http://schweizerdialog.ch/konzept/. Zugegriffen: 11. Dez. 2010.
Weiler, A. (2010). *Persönliches Interview*. Geführt von Max Breucha, Philipp Hirsbrunner und Jens Leyendecker (18. Nov. 2010).

Weiterführende Literatur

Gomez, P., & Meynhardt, T. (2009). Public Value: Gesellschaftliche Wertschöpfung im Fokus der Führung. In St. Seiler (Hrsg.), *Führung neu denken – im Spannungsfeld zwischen Erfolg, Moral und Komplexität* (S. 125–170). Zürich: Orell Füssli Verlag AG.
Meynhardt, T. (2013). Public Value: Organisationen machen Gesellschaft. *Zeitschrift für Organisationsentwicklung*, 4, S. 4-7.
Meynhardt, T., & Gomez, P. (unter Begutachtung). *Do it yourself! Building Blocks for New Pyramids of Corporate Social Responsibilities.*

Wir sind ein Care-Unternehmen – Zurich Versicherung

3

Inhaltsverzeichnis

3.1 Das Unternehmen Zurich Financial Services 33
3.2 Spannungsfelder und Herausforderungen 36
3.3 Résumé und Ausblick 42
Literatur 43

3.1 Das Unternehmen Zurich Financial Services

Die Geschichte der Zurich Versicherung geht bis auf das Jahr 1872 zurück. Gottfried Keller unterzeichnete die damaligen Statuten des „Versicherungs-Vereins" in Zürich. Die Zurich Versicherung begann ihre Tätigkeit als Rückversicherer der „Schweiz"- Versicherung (Zurich 2010a).

In der Folge wurde der damalige „Versicherungs-Verein" durch neue Filialen und Akquisitionen stark ausgebaut. 1894 änderte die Firma ihren Namen in „Zürich Allgemeine Unfall- und Haftpflicht-Versicherungs-Aktiengesellschaft". Ihr Schwerpunkt lag nun auf der Unfall- und Haftpflichtversicherung. In den darauf folgenden Jahren kamen die Bereiche Privathaftpflicht-, Einbruchs-, Diebstahls- und Veruntreuungsversicherung dazu. Aufgrund von Änderungen im Gesetz[1] sah sich die Zurich gezwungen, verstärkt in andere Bereiche zu investieren. Daraufhin expandierte sie in die USA, nach Kanada und nach Großbritannien (Zurich 2010a). 1922 wurde die Lebensversicherung „Vita" (heute „Zurich Leben") als Tochterunternehmen gegründet. 1938 wurde die Rückversicherungsgesellschaft „Turegum" gegründet und neun Jahre später die „Zurich Life Insurance Company" in New York. Gleichzeitig gewann die Zurich vermehrt Marktanteile in der Schweiz. Neben der

---

[1] Mit der Gründung der SUVA entfällt ein großer Geschäftsbereich der Zurich.

T. Meynhardt, *Nachhaltigkeit - Kein Thema!*,
DOI 10.1007/978-3-658-04857-0_3, © Springer Fachmedien Wiesbaden 2014

Übernahme der Altstadt-Versicherungs-Aktiengesellschaft im Jahre 1982, wurde auch in den darauf folgenden Jahren eine Reihe von Akquisitionen erfolgreich durchgeführt. In ihrer Pionierstellung führte die Zurich Versicherung ein neues Direkt-Marketing-Konzept ein. Diese Neuerung, auch Züritel (heute „Zurich Connect") genannt, war der Vertrieb per Telefon. 1996 erfolgte eine Restrukturierung und alle Bereiche der Zurich Schweiz wurden einer einheitlichen Leitung unterstellt. Die „Zurich" und die im Finanzgeschäft tätige Abteilung von B.A.T legten 1998 ihre Bereiche zusammen und traten neu unter dem Namen „Zurich Financial Services" auf. Zwei Jahre später erfolgte die Einführung der Einheitsaktie und der Gang an die Börse in Zürich und London (Zurich 2010a). 2006 kam es zur Zusammenlegung der Lebensversicherungsgesellschaften Genevois und Zurich. Das Ziel dieser Fusion war es, dem Kunden effizientere und konkurrenzfähigere Leistungen unter einer Marke anbieten zu können.

Die Krisenjahre 2001 und 2002 trafen die Zurich schwer. Die stark sinkenden Kurse an den Börsen nach den Anschlägen vom 11. September, nur wenige Jahre nach Einführung der Einheitsaktie, zwangen die Zurich zu reagieren. Mit einer klaren Ausrichtung der Strategie auf das versicherungsbasierte Kerngeschäft und mit strikten Programmen zur Verbesserung der Rentabilität und der Nachhaltigkeit konnte die Zurich sich stabilisieren. Gegenwärtig wird Nachhaltigkeit als Corporate Responsibility als besonders wichtig erachtet. Dabei wird betont, dass jegliches Handeln des Unternehmens stark mit der Gesellschaft verbunden ist.

In der Schweiz hat die Zurich mittlerweile 200 Agenturen und über 5.000 Mitarbeiter, darunter 1.300 Kundenberater, welche ca. 1,6 Mio. Kunden betreuen. Somit gehört die Zurich zu den größten Versicherungen in der Schweiz. Sie hatte 2007 einen Marktanteil von 11,2 % bei den Lebensversicherungen und einen Anteil von 15 % bei den Schadensversicherungen (Zurich 2010b).

Weltweit beschäftigt die Zurich 57.609 Mitarbeiter und erwirtschaftete im Jahr 2009 einen Umsatz von 51,89 Mrd. US-Dollar. Der Business Operating Profit betrug 5,59 Mrd. US-Dollar. Der Reingewinn des Gesamt-Unternehmens Zurich betrug im letzten Jahr 3,22 Mrd. US-Dollar (Zurich 2009a). Dieses Ergebnis konnte trotz der angespannten Lage während der Finanzkrise realisiert werden.

Die Zurich von heute hat sich in vielerlei Hinsicht gewandelt im Vergleich zu dem Unternehmen, das 1872 gegründet wurde. Heute stehen der Kunde und dessen Bedürfnis nach Sicherheit im Mittelpunkt. Die Zurich selber sieht sich als ein „Care Unternehmen". Man setzt sich zum Ziel, sich nicht nur vor dem Abschluss einer Versicherung um den Kunden zu bemühen, sondern diesem auch danach zuverlässig und kompetent zur Seite zu stehen, insbesondere im Falle eines Schadens.

3.1 Das Unternehmen Zurich Financial Services

So wird nicht nur der finanzielle Schaden behoben, sondern auch die gesamte Abwicklung übernommen. Beispielsweise wird bei einer Autokollision die gesamte Prozedur der Reparatur von den Zurich „Help Points" übernommen. Somit wird der Aufwand für den Kunden auf ein Minimum reduziert (Zurich 2010c).

Die Zurich sieht sich in Sachen Corporate Responsibility als ein Vorbild für andere Unternehmen. Neben der Steigerung des Unternehmenserfolgs möchte man gleichzeitig sozialen und umweltbezogenen Anforderungen gerecht werden (Zurich 2010g). Deshalb engagiert die Zurich sich auch in verschiedenen nationalen sowie internationalen Projekten. Das Unternehmen verwirklicht speziell in der Schweiz viele nachhaltige Projekte, welche die Corporate Responsibility des Unternehmens widerspiegeln. Insbesondere beim Thema Mobilität, welches ein wichtiger Bestandteil für die Zurich ist, möchte sie alternative Wege für die Zukunft fördern. Deshalb gibt es an den Zurich „Help Points" die Möglichkeit, Elektrofahrzeuge zu testen, damit sich jeder Kunde von den Vorteilen dieser innovativen Technologie überzeugen kann. Dieses Konzept mit dem Namen „Mobilität für Morgen" soll den Trend des umweltbewussten Autofahrens unterstützen (Zurich 2010d).

Unsere Gesprächspartner bei Zurich

Dr. Thomas Buberl
Buberl ist CEO der AXA-Versicherung in Deutschland. Zum Zeitpunkt unseres Interviews war er CEO bei der Zurich Schweiz AG. Davor war er bei der AXA Winterthur und der Boston Consulting Group tätig. Thomas Buberl promovierte an der Universität St.Gallen und hat einen MBA von der Lancaster University.

Patrick Deucher
Patrick Deucher ist Manager im Internal Consulting bei der Zurich North America. Zum Zeitpunkt des Interviews war er Leiter des Verkaufsgebiets Mitte in der Schweiz und in dieser Position auch verantwortlich für den Klimapreis der Zurich Schweiz. Deucher hat einen Abschluss in Accounting and Finance von der Universität St.Gallen.

3.2 Spannungsfelder und Herausforderungen

Die Informationen der folgenden Passage beziehen sich auf die Interviews mit den Vertretern der Zurich im November/Dezember 2010 (Buberl 2010; Deucher 2010).

Schäden für die Gesellschaft weder fördern noch dulden

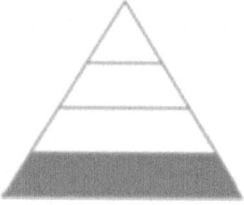

Bei der Frage nach möglichen gesellschaftlichen Schäden aus der Geschäftstätigkeit der Zurich setzen die beiden Interviewpartner unterschiedliche Akzente. Buberl sieht den Arbeitsplatzabbau bei Fehlinvestitionen und Fehlentwicklungen bezie-

3.2 Spannungsfelder und Herausforderungen

hungsweise Fehlverhalten der Mitarbeiter verursacht durch falsche Anreize als die zwei wichtigsten möglichen Schäden, die von der Zurich ausgelöst werden können. Deucher ergänzt die möglichen Schäden für die Gesellschaft noch um einen mangelnden Versicherungsschutz, falls Risiken falsch eingeschätzt werden. Um Schäden zu vermeiden, erwähnten beide Interviewpartner klare Grundsätze, wie zum Beispiel die Corporate Responsibility und die Forderung an alle Mitarbeiter, stets Eigenverantwortung zu zeigen (Zurich 2010g). Zudem versuche die Zurich ihren Klimaimpact möglichst gering zu halten und in ihrer Strategie Antworten, auf den Megatrend Klimawandel zu finden.

Eine nachhaltig angelegte Personalpolitik soll zusammen mit einem fairen Lohngefüge falsche Anreize verhindern und die Mitarbeiter davon abhalten, für kurzfristige Gewinne hohe Risiken einzugehen. Die Glaubwürdigkeit des Managements wird somit gestärkt und Reputationsschäden werden vermieden (Schweizer Dialog 2010). Deucher nennt als weiteren wichtigen Punkt, dass die Bereiche Underwriting und Vertrieb klar voneinander abgegrenzt sind. Während die Mitarbeiter im Underwriting die Risiken neutral und ohne finanzielle Hintergedanken bewerten und damit den Preisrahmen für eine Versicherung festlegen, kommt bei den Angestellten im Vertrieb durch die Provisionen die Leistung als Verkäufer ins Spiel. Die vom Underwriting gesetzten Preise gestatten nur einen sehr eingeschränkten Spielraum für Rabatte. Das soll verhindern, dass Risiken von Vertriebsmitarbeitern aufgrund von provisionsbedingten Anreizen tiefer eingeschätzt werden als sie tatsächlich sind.

Des Weiteren versucht die Zurich, ihren negativen Impact auf die Umwelt möglichst gering zu halten und auch andere zu ermutigen, ökologisch sinnvoll zu handeln. Ein Beispiel dafür ist der Klimapreis, welcher die Energieeffizienz und die ökologische Nachhaltigkeit fördern soll (Zurich 2010f). Er ist aber nur ein kleiner Teil einer breiter gefassten Climate Initiative. Diese besteht aus drei Hauptelementen: Erstens aus einem internen Climate Office, welches Zurichs globale Klimawandel-Strategie entwickeln und implementieren soll. Zweitens aus einem Climate Change Advisory Council, welcher das Management der Zurich in strategischen und operativen Angelegenheiten zum Klimawandel berät. Und Drittens aus einem Applied Research Program in Partnerschaft mit Organisationen, welche interdisziplinäre Expertisen zu den mit dem Klimawandel in Verbindung stehenden Problemen erstellen können (Zurich 2010e). Innerhalb dieser Initiative hat sich die Zurich zum Beispiel vorgenommen, ihren CO_2-Ausstoss bis zum Jahr 2013 um 10 % zu verringern. Diese Reduktion soll mittels vieler kleiner Maßnahmen, wie zum Beispiel weniger Flügen, besserer Wärmeisolation, energieeffizienteren Bürogeräten und Lampen erreicht werden. Die Climate Initiative zeigt deutlich, wie die Zurich sich dem Umweltschutz verpflichtet fühlt und macht auch deutlich, dass gerade Versicherungen, die durch Naturkatastrophen starke Schäden erleiden, ein besonderes Interesse an ökologischen Verbesserungen haben.

Gesellschaftliche Wertschöpfung anstreben

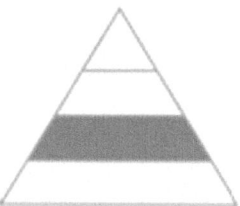

Die Zurich verlangt von ihren Mitarbeitern, dass sie sich die Frage nach gesellschaftlicher Wertschöpfung immer wieder stellen. So strebt das Unternehmen gesellschaftliche Wertschöpfung auf verschiedenen Ebenen an. Die Zurich hilft ihren Kunden bei der Risikominimierung und ermöglicht durch das Angebot von Versicherungsleistungen mehr Sicherheit für ihre Kunden. Zudem ist sie bemüht, in der Gesellschaft eine erhöhte Aufmerksamkeit für ökologische Herausforderungen zu schaffen. Ein besonderer Fokus liegt auf dem fairen Umgang mit Mitarbeitern, in dem auch eine Form gesellschaftlicher Wertschöpfung gesehen wird. Hinzu kommt das Engagement der „Z Zurich Foundation" und das Angebot von Microinsurances in Entwicklungsländern sowie neue Versicherungsprodukte, welche durch den Klimawandel hervorgerufene Risiken adressieren. Im Folgenden stellen wir die verschiedenen Aktivitäten kurz vor.

Die Zurich bietet ein Risikotool für KMU-Kunden an und gibt den Kunden bei Risikobesichtigungen hilfreiche Tipps zur Reduzierung von Risiken. Diese Hilfeleistungen gehen teils so weit, dass der Kunde durch die Höhe der Prämie praktisch zu einer Änderung gezwungen wird. Auch soll die offene und greifbare Thematisierung des Klimathemas auf der Plattform „Zurich Risk Management Dialogue" die Kunden bei ihren Entscheidungen unterstützen. Diese risikomindernden Maßnahmen sind bei einer Versicherung sehr schnell in barer Münze abzulesen und aus diesem Grund für Versicherungen nie nur altruistisch.

Ein weiterer von Deucher genannter Punkt betrifft das Versicherungsgeschäft im Allgemeinen. So schaffe die Zurich (und ihre Konkurrenten) mit ihrer Kerntätigkeit in der Gesellschaft eine Stabilität, welche in ihrer Bedeutung oftmals unterschätzt wird.

In die gleiche Richtung geht das Engagement der Zurich in ökologischen Angelegenheiten. Sie ist sehr stark von Schadensforderungen nach Naturkatastrophen betroffen und versucht schon deshalb, unter anderem mit dem zuvor erwähnten

3.2 Spannungsfelder und Herausforderungen

Klimapreis, welcher Energieeffizienz und Nachhaltigkeit fördert, und auch über die Höhe der Prämien ein gesellschaftliches Umdenken in Richtung einer erhöhten ökologischen Nachhaltigkeit zu erreichen.

Buberl betont, dass die Zurich allen Mitarbeitern und ihren Familien ermöglichen möchte, durch ihre Löhne einen würdevollen Lebensunterhalt zu bestreiten. Die Zurich setzt sich darüber hinaus das Ziel, die Aus- und Weiterbildung ihrer Mitarbeitenden aktiv zu fördern und Lernende nach dem Abschluss möglichst weiter im Betrieb zu halten. In der Aus- und Weiterbildung ist die Zurich speziell darum bemüht, von der älteren Generation zu lernen und deren Erfahrung mit frischen Ideen der Gegenwart zu verbinden, um den Zusammenhalt und das Verständnis zwischen den Generationen zu stärken (Schweizer Dialog 2010). Hierin wird auch eine Form gesellschaftlicher Wertschöpfung gesehen.

Dazu gehört die in der Zurich erfolgreich gelebte 360-Grad-Feedback-Kultur. Ziel ist es, Feedback nicht nur auf vertikaler sondern auch auf horizontaler Ebene zu kommunizieren. Neben dem klassischen Feedback mit dem Vorgesetzten und den Untergebenen wird auch stark darauf geachtet, dass ein Feedback-Austausch mit den Kollegen auf gleicher Stufe stattfindet. Diese 360-Grad-Feedback-Kultur führt unternehmensintern zu einer offenen Arbeitsatmosphäre und einem größeren Vertrauen unter den Mitarbeitern.

Ein weiteres Projekt ist die „Z Zurich Foundation". Diese Stiftung möchte durch gezielten Mitteleinsatz einen langfristigen und nachhaltigen Beitrag für die Gesellschaft leisten. Sie wird durch Beiträge der Zurich Versicherung unterstützt (Zurich 2010e).

Um auf globaler Ebene gesellschaftliche Wertschöpfung zu generieren, sind die „Microinsurances" ein wichtiges Instrument für die Zurich. Dies sind spezielle Versicherungen für Menschen mit niedrigem Einkommen, also ein Instrument, das darauf abzielt, dem „Bottom of the Pyramid" die Möglichkeit zu geben, sich zu versichern. Die „Microinsurances" werden in Asien, Afrika und Südamerika vertrieben und tragen dazu bei, dass auch Menschen mit niedrigstem Einkommen versichert sind und ermöglichen diesen den Arztbesuch oder unterstützen sie bei Umweltkatastrophen. Der Zurich gelingt es mit diesem innovativen Instrument, neue Märkte profitabel zu erschließen und gleichzeitig einen nachhaltigen Beitrag für die Weltbevölkerung zu leisten (Zurich 2010h).

Zudem hat die Zurich allein im Jahr 2008 neun neue Produkte entwickelt, welche klimaabhängige Bedürfnisse der Kunden befriedigen. Dazu sagte Lindene Patton, Climate Product Officer bei Zurich:

> As an insurer, Zurich's role in society is to deliver the risk management solutions our customers need to address the risks associated with everyday life, which are increasingly impacted by climate change. This demands a deep knowledge of the evolving risks associated with climate change, as well as a deep commitment to aligning the necessary resources behind the product development process. (Zurich 2009b)

Langfristige Profitabilität und wirtschaftliche Ressourcen schaffen

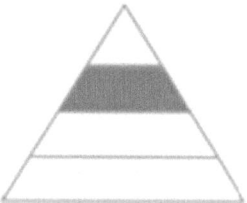

Im Versicherungsgeschäft ist die nachhaltige Schaffung wirtschaftlicher Ressourcen besonders wichtig. Bei Lebensversicherungen zum Beispiel zeigt sich eine starke Zukunftsorientierung. Daher ist Nachhaltigkeit ein enorm wichtiges Thema, wenn man am Markt langfristig erfolgreich sein will. Für Buberl gibt es keinen Widerspruch zwischen Nachhaltigkeit und Profitabilität. Er sieht in der Profitabilität sogar eine logische Konsequenz der Nachhaltigkeit.

Nichtsdestotrotz kann es für die Zurich als kotiertes Unternehmen manchmal zu Zielkonflikten zwischen kurzfristigen Zahlen und langfristiger Profitabilität kommen. Auch wenn die Ziele langfristig festgelegt werden, muss man versuchen, möglichst ansprechende Quartalszahlen zu veröffentlichen. Bei der Zurich wird Wert auf einen vernünftigen Ausgleich zwischen kurz- und langfristigen Interessen gelegt. Buberl weist darauf hin, dass die Kunden der Zurich explizit nachhaltiges Verhalten und Corporate Responsibility einfordern. Dies hat für das Unternehmen große Bedeutung.

Buberl betrachtet die Mitarbeiter als die wichtigste Ressource im Dienstleistungsbereich. Langfristige Profitabilität ist damit eng an die Bindung und die Entwicklung von guten Mitarbeitern geknüpft. Deshalb wird auf eine gute Mitarbeiterzufriedenheit geachtet, welche durch die Honorierung guter Leistungen und durch Teilhabe am Unternehmenserfolg erreicht werden soll. Zudem hilft eine transparente Kommunikation, wie zum Beispiel beim Verzicht auf eine Lohnerhöhung im Jahre 2009. Durch diese Maßnahme konnte ein Stellenabbau vermieden werden. Die Zurich versucht mit Blick auf die Bevölkerungspyramide, ältere Mitarbeitende mit attraktiven und flexiblen Arbeitszeitmodellen im Betrieb zu halten (Schweizer Dialog 2010). Zudem versucht das Unternehmen, den Angestellten bei einem innerbetrieblichen Stellenwechsel behilflich zu sein. Dies erfolgt durch einen möglichen internen Aufstieg oder auch eine Veränderung auf gleicher Ebene. Eine vorausschauende Karriereplanung, welche im Idealfall sofort ab Stellenantritt beginnt, soll Talente an das Unternehmen binden, indem ihnen sehr schnell eine möglichst attraktive Perspektive geboten wird. Dies scheint der Zurich gut zu gelingen. Wie Deucher bemerkte, gibt es etliche Mitarbeiter mit 30–35 Jahren Betriebszugehörigkeit. Zur guten Arbeitskultur und zur Identifikation mit dem Unternehmen tragen auch Family-Days und interne Fußballturniere bei. Mit all diesen Maßnahmen im Bereich der Mitarbeiterförderung rüstet sich die Zurich für die Zukunft und investiert in ihre wichtigste Ressource.

Anstand in Graubereichen zeigen

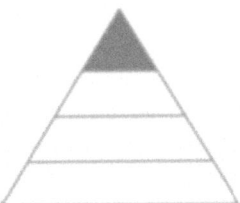

Die Zurich versucht grundsätzlich, Graubereiche durch Selbstregulierung zu füllen. Allerdings scheint deren konzernweite Umsetzung nicht immer reibungslos zu funktionieren. Dabei hängt offenbar auch viel von den jeweiligen Führungspersönlichkeiten im Konzern ab.

So werden laut Deucher durch die Zurich Schweiz keine Wrapper[2] vertrieben und auch sonstige Geschäfte mit Grenzgängern aufgrund des Reputationsrisikos vermieden. Allerdings bietet die Zurich Financial Services, zu welcher auch die Zurich Schweiz gehört, über ihre Tochter Zurich Global Life trotzdem solche Wrapper an. Eine Stellungnahme der Zurich zu der kritischen Sendung eco des Schweizer Fernsehens vom 28.06.2010 lautet wie folgt:

> Das Geschäftssegment Private Banking Client Solutions von Zurich Global Life bietet Privatbankkunden maßgeschneiderte Versicherungslösungen in der Vermögens- und Nachlassplanung an. Alle diese Produkte sind innerhalb des gesetzlich zulässigen Rahmens der einzelnen Rechtsordnungen konzipiert, in denen Zurich tätig ist, und sind im Einklang mit den Vorgaben der lokalen Aufsichtsbehörden und den Richtlinien von Zurich. (Schweizer Fernsehen 2010)

Der Graubereich wird also nicht von allen Segmenten der Zurich gleich ausgelegt und vor allem auch nicht gleich bewirtschaftet. Deucher hat in unserem Interview

---

[2] Asset-Wrapper sind spezielle Konstrukte, bei denen Wertpapierdepots in Lebensversicherungen eingebracht werden. Dadurch verschwindet der Name des Kunden aus der Kundendatei einer Bank und er wird bei einer Versicherungsgesellschaft formal zum Versicherungsnehmer.

mit Blick auf die Auslegung von Graubereichen erwähnt, wie wichtig der persönliche Ansatz des jeweiligen Chefs ist. So habe zum Beispiel der Vorgänger von Buberl den Graubereich tendenziell eher bewirtschaftet, während er als Nachfolger eher die Tendenz habe, den Graubereich durch Selbstregulierung zu füllen. So ist es nur folgerichtig, dass er großen Wert auf ethische Grundsätze und Richtlinien legt, welche jeder Mitarbeitende als Teil seines Arbeitsvertrages zu unterzeichnen hat. Des Weiteren werden diese Grundsätze in Schulungen regelmäßig aufgefrischt und trainiert.

Neben den Graubereichen, die Angebote an Produkten betreffend, ist für die Zurich auch auf der vierten Stufe der Gemeinwohlpyramide der Umgang mit den Mitarbeitern sehr wichtig. So wird besonders darauf geachtet, dass bei den Löhnen und Boni auf Exzesse verzichtet wird, um nicht das Vertrauen der Sozialpartner in die liberale Wirtschaftsordnung zu zerstören (Schweizer Dialog 2010).

3.3 Résumé und Ausblick

„Nachhaltig heißt für mich, nicht die kurzfristigen, sondern die langfristigen Entwicklungsmöglichkeiten des Unternehmens im Auge zu behalten und mich auch entsprechend zu verhalten. Oder verkürzt: Nachhaltig wirtschaften heißt, echte Verantwortung zu übernehmen." So definiert der CEO Thomas Buberl den Begriff Nachhaltigkeit. Für Patrick Deucher steht Nachhaltigkeit für Langfristigkeit. Laut seinem Verständnis geht es um den verantwortungsvollen Umgang mit Ressourcen, wobei alle Arten von Ressourcen dazu gezählt werden sollten. Bei Nachhaltigkeit soll es nicht nur um Quartalszahlen, sondern um langfristigen Erfolg gehen. Stabilität ist daher auch wichtiger als Wachstum um jeden Preis.

Die Zurich ist davon überzeugt – so die Befunde unserer Untersuchung – dass eine nachhaltige Ausrichtung der Unternehmensstrategie zum langfristigen Erfolg führen wird. Es geht um positive Entwicklungen im Unternehmen wie auch in der Gesellschaft gleichermaßen. Die Zurich zeigt auf allen Stufen der Gemeinwohlpyramide das Bestreben, die jeweiligen Anforderungen umzusetzen. Sie ist sowohl bestrebt, sozial ein guter Arbeitgeber zu sein, der seine Mitarbeiter fördert und fordert, als auch weltweit den sozialen Unterschichten Versicherungslösungen (Microinsurances) anzubieten, die für die Ärmsten erschwinglich ist. Beide Interviewpartner vertraten die Überzeugung, dass Versicherungen ganz allgemein zur Stabilität und Sicherheit in der heutigen Zeit beitragen, indem sie durch ihre Produkte Individuen oder Unternehmen vor großen finanziellen Schäden schützen.

Allerdings kann sich auch die Zurich nicht den Gesetzen des Marktes entziehen. Häufig steht die Zurich im Spannungsfeld zwischen kurzfristigen Anforderungen des Marktes und langfristigen Anforderungen der Nachhaltigkeit. Solche Spannungen sind komplex und nur schwierig zu lösen. Dennoch gelingt der Balanceakt meistens sehr gut.

Inwiefern die Zurich die genannten Instrumente auch tatsächlich in die Tat umsetzt, oder ob es sich nur um ein „Paint it Green" handelt, konnte mit dieser Arbeit nicht ermittelt werden. Allerdings wurden die Interviewpartner als sehr authentisch und ehrlich wahrgenommen. Insofern kann davon ausgegangen werden, dass Nachhaltigkeit bei der Zurich sehr ernst genommen wird und diese Strategie auch von innerer Überzeugung getragen ist wird.

Reflexionsfragen

- Im Nachhaltigkeitsverständnis der Zurich spielen die Mitarbeiter eine besondere Rolle. Worin besteht diese?
- Die Zurich versteht sich als Care-Unternehmen. Wie positioniert sich die Zurich aus diesem Selbstverständnis heraus gegenüber wichtigen Anspruchsgruppen?
- Die Zurich strebt in sehr vielen und diversen Bereichen gesellschaftliche Wertschöpfung an. In welchem dieser Bereiche sehen Sie das größte Steigerungspotential und gibt es noch andere Bereiche, die bislang vernachlässigt werden?
- Die Zurich versucht, mit ihrer Preispolitik die Versicherungsnehmer zu einem nachhaltigeren Verhalten zu drängen. Glauben Sie, dass solche Maßnahmen zu einem gesellschaftlichen Umdenken führen können und sehen sie dies als Aufgabe eines Unternehmens an?
- Die Bearbeitung rechtlicher Graubereiche ist bei der Zurich nicht klar geregelt („Selbstregulierung"), sondern hängt sehr stark vom jeweiligen Führungspersonal ab. Wie würden Sie als CEO des Unternehmens agieren?

Literatur

Buberl, T. (2010). *Persönliches Interview*. Geführt von Jonas Brammertz, Ueli Nobs und Elyar Sherkati (9. Dez. 2010).

Deucher, P. (2010). *Persönliches Interview*. Geführt von Jonas Brammertz, Ueli Nobs und Elyar Sherkati (2. Nov. 2010).

Gomez, P., & Meynhardt, T. (2009). Public Value: Gesellschaftliche Wertschöpfung im Fokus der Führung. In St. Seiler (Hrsg.), *Führung neu denken – im Spannungsfeld zwischen Erfolg, Moral und Komplexität* (S. 125–170). Zurich: Orell Füssli Verlag.

Schweizer Dialog. (2010). *Thomas Buberl – Schweizer Dialog*. http://schweizerdialog.ch/author/tbuberl/. Zugegriffen: 15. Dez. 2010.

Schweizer Fernsehen. (2010). *Zum Beitrag „Vorbild Odysseus" – Eco – SF 1.* http://www.sendungen.sf.tv/eco/Nachrichten/Archiv/2010/06/28/ecomanualx/Zum-Beitrag-Vorbild-Odysseus. Zugegriffen: 15. Dez. 2010.
Zurich. (2009a). *Financial Report 2009.* http://zdownload.Zurich.com/main/reports/financial_report_2009_en.pdf. Zugegriffen: 9. Dez. 2010.
Zurich. (2009b). *Zurich Financial Services – Zurich's global Climate Initiative marks first year anniversary with impressive accomplishments.* http://www.Zurich.com/main/media/newsreleases/2009/english/2009_0121_01_article.htm. Zugegriffen: 15. Dez. 2010.
Zurich. (2010a). *Die Geschichte der Zurich Versicherung.* http://www.Zurich.ch/site/de/Zurich/history.html. Zugegriffen: 22. Nov. 2010.
Zurich. (2010b). *Die wichtigsten Zahlen zu Zurich.* http://www.Zurich.ch/site/de/Zurich/fakts.html. Zugegriffen: 22. Nov. 2010.
Zurich. (2010c). *Die Marke Zurich.* http://www.Zurich.ch/site/de/Zurich/marke.html. Zugegriffen: 9. Dez. 2010.
Zurich. (2010d). *Mobilität von Morgen.* http://www.Zurich.ch/site/de/Zurich/engagement/mobilitaet_von_morgen.html. Zugegriffen: 9. Dez. 2010.
Zurich. (2010e). *Z Zurich Foundation.* http://www.Zurich.ch/site/de/Zurich/engagement/z_Zurich_foundation.html. Zugegriffen: 9. Dez. 2010.
Zurich. (2010f). *Climate change – Zurich Financial Services Group.* http://www.Zurich.com/main/insight/globalinitiatives/globalclimatechangeinitiative/introduction.htm. Zugegriffen: 15. Dez. 2010.
Zurich. (2010g). *Corporate Responsibility.* http://www.zurich.com/main/about/corporateresponsibility/corporateresponsibility.htm. Zugegriffen: 17. Dez. 2010.
Zurich. (2010h). *Microinsurance.* http://www.zurich.com/main/insight/globalinitiatives/microinsurance/introduction.htm. Zugegriffen: 17. Dez. 2010.

Weiterführende Literatur

Gomez, P., & Meynhardt, T. (2009). Public Value: Gesellschaftliche Wertschöpfung im Fokus der Führung. In St. Seiler (Hrsg.), *Führung neu denken – im Spannungsfeld zwischen Erfolg, Moral und Komplexität,* (S. 125–170). Zürich: Orell Füssli Verlag AG.
Meynhardt, T. (2013). Public Value: Organisationen machen Gesellschaft. *Zeitschrift für Organisationsentwicklung,* 4, S. 4-7.
Meynhardt, T., & Gomez, P. (unter Begutachtung). *Do it yourself! Building Blocks for New Pyramids of Corporate Social Responsibilities.*

Für die Pflichten gerade stehen – Bucher Industries

Inhaltsverzeichnis

4.1 Das Unternehmen Bucher Industries AG 45
4.2 Spannungsfelder und Herausforderungen 48
4.3 Résumé und Ausblick 56
Literatur 58

4.1 Das Unternehmen Bucher Industries AG

Der Ursprung der Bucher Industries AG findet sich im Jahr 1807. Heinrich Bucher (-Weiss) betrieb eine Schmiede in Niederwenigen im Kanton Zürich. 1871 hatte der Betrieb nach mehrmaligem Eigentümerwechsel vier Beschäftigte und 1874 erfolgte unter dem Namen „Johann Bucher, mechanische Werkstätte, Fabrikation von mechanischen Bestandteilen landwirtschaftlicher Maschinen" ein Eintrag im Handelsregister.

Bucher vertrieb landwirtschaftliche Maschinen ausländischer Hersteller, verkaufte mit großem Erfolg Mähmaschinen aus den USA und änderte deshalb den Firmennamen in „Maschinenfabrik Johann Bucher-Manz, Niederwenigen". 1984 wurde die „Bucher Holding AG" gegründet und an der Börse kotiert. 1996 folgte dann die Divisionalisierung nach den fünf Kerngeschäften Landtechnik (Kuhn Group), Fahrzeuge (Bucher Municipal), Nahrungsmitteltechnik (Bucher Process), Hydraulikkomponenten (Bucher Hydraulics) und Maschinen (Laeis-Bucher). Zwei Jahre später wurde Emhart Glass als weiteres Kerngeschäft übernommen und im Jahr 2000 wandelte sich die Bucher Holding AG zur „Bucher Industries AG". 2002 wurde unser Interviewpartner Philip Mosimann Vorsitzender der Konzernleitung (Bucher Industries AG 2012a).

Die Bucher Industries AG erzielte 2009 mit ihren rund 7.200 Mitarbeitern weltweit einen Umsatz von 2,1 Mrd. CHF und unterhält Produktionsstandorte in Europa, Süd- und Nordamerika, Australien und Asien. Die Sparten des Konzerns sind in ihren Industrien teilweise weltweit führend. Kuhn Group, die größte Division der Bucher Industries AG, ist weltweit führender Anbieter von Landmaschinen. Bucher Municipal hält in Europa den größten Marktanteil bei Kommunalfahrzeugen. Bucher Hydraulics nimmt mit Produktionsstätten in Europa, Asien und den USA eine führende Stellung als Anbieter kundenspezifischer Systemlösungen in der Mobil- und Industriehydraulik ein. Emhart Glass ist Weltmarktführer für hochentwickelte Technologien zur Herstellung und Prüfung von Glasbehältern. Die kleinste Division des Konzerns ist die Bucher Specials. Diese umfasst unabhängige Einzelgeschäfte mit verschiedenen Produktionsanlagen sowie das Handelsgeschäft mit Traktoren und Landmaschinen in der Schweiz (Bucher Industries AG 2012b).

Bereits in der Mission von Bucher ist der Gedanke der Nachhaltigkeit einbezogen. „Wir verstehen uns als langfristig industriell orientiertes Unternehmen und als fairen Partner für unsere Kunden, Mitarbeitenden, Aktionäre und Geschäftspartner." (Bucher Industries AG 2012c)

Das Ziel der Bucher Industries AG ist, mit Technologieführerschaft, Marktpräsenz und einem konsequenten Kostenmanagement eine hohe Rentabilität und einen hohen Cashflow zu erreichen. Dabei möchte sie immer die Bedürfnisse ihrer Kunden befriedigen und ihren Mitarbeitenden einen attraktiven Arbeitsplatz mit Weiterbildungsmöglichkeiten bieten. Der Konzern wird kontinuierlich weiterentwickelt, primär durch internes Wachstum und Innovation, aber auch durch Übernahme und Integration ausgewählter, komplementärer Geschäftstätigkeiten (Bucher Industries AG 2012c).

Zu Beginn des Interviews äußerte Mosimann, dass der Schweizer Dialog (siehe dazu die Bucheinleitung) ein sehr intellektueller Ansatz sei. Wir fragten ihn, wie er überhaupt auf den Schweizer Dialog gestoßen ist und aus welchen Gründen er sich für diesen engagiert. Mosimann sieht aktuell einen schlechten Trend und schätzt ein, dass sich die Öffentlichkeit und die Wirtschaft immer weiter auseinanderleben wie eine aufgehende Schere. Auf diese Weise entstehe ein Spagat, der längerfristig sehr schlecht ist, da sich die Konsequenzen erst später zeigen. Zu einem späteren Zeitpunkt (in 10–20 Jahren) sind die verantwortlichen Unternehmensleiter oder Politiker nicht mehr im Amt. Das hat zur Folge, dass die nächste Generation die Konsequenzen der aktuellen Vorgehensweisen zu tragen hat. Es sei das Langfristige, das extrem gefährlich ist. Um diesem Auseinanderdriften entgegenzuwirken, setzt sich Mosimann für Nachhaltigkeit ein. Die Frage, was er genau unter Nachhaltigkeit in einem Unternehmen versteht, beantwortete er folgendermaßen:

4.1 Das Unternehmen Bucher Industries AG

Nachhaltigkeit habe sehr viel mit Verantwortung zu tun, und zwar nicht bezüglich der Finanzkennzahlen, sondern im Sinne des Stakeholder-Ansatzes. Man müsse versuchen, die Stakeholder, also alle Anspruchsgruppen in einem Unternehmen, vor allem langfristig in Einklang zu bringen. Sein Fazit: Das Thema Nachhaltigkeit ist zwingend mit Verantwortlichkeit zu verbinden, da dieser Trend langfristig entscheidend ist.

Auf die Frage, ob ökonomische, ökologische oder soziale Auswirkungen der Geschäftstätigkeiten bei der Entscheidungsfindung mit einbezogen werden, sagte Herr Mosimann, dass diesen Überlegungen sehr viel Beachtung geschenkt werde, da es schließlich im Endeffekt auch um Konkurrenzfähigkeit gehe. An jedem Standort des Konzerns werde an der Optimierung der nachhaltigen Produktion gearbeitet. Beispielsweise werde angestrebt, die Abwassermenge zu reduzieren und weniger Schadstoffe, wie zum Beispiel Farben und Lösungsmittel, zu verwenden. Es gebe aus seiner Sicht Unternehmungen, die Nachhaltigkeit oder Umweltbewusstsein nur als augenblicklichen Trend begreifen. Bucher möchte sich klar davon abheben und agiere langfristig aus dem „ureigenen Interesse, konkurrenzfähig zu bleiben".

Unser Gesprächspartner bei Bucher

Philip Mosimann
Der Schweizer Mosimann ist seit 2002 CEO der Bucher Industries AG. Seine Karriere begann er 1980 bei der Sulzer Innotec AG in Winterthur. 1993 wurde er zum Divisionsleiter der Sulzer Thermtec ernannt und wechselte im gleichen Jahr zur Sulzer AG. 1997 folgte die Berufung zum Divisionsleiter der Sulzer Textil; 2001 dann der Wechsel zur Bucher Industries AG. Ausserdem sitzt er im Verwaltungsrat der Conzzeta AG in Zürich. Mosimann hat einen Abschluss als Diplomingenieur von der ETH Zürich.

4.2 Spannungsfelder und Herausforderungen

Die Informationen der folgenden Passage beziehen sich auf das Interview mit Philip Mosimann im Oktober 2010 (Mosimann 2010).

Schäden für die Gesellschaft weder fördern noch dulden

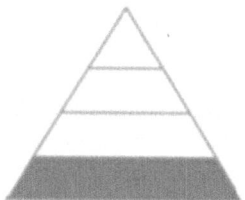

Bei Bucher werden ökologische Schäden durch Investitionen in eine ressourcenschonende Produktionsweise minimiert. Für Herrn Mosimann passt das auch zu dem wachsenden Umweltbewusstsein in der Bevölkerung. Dieses sieht er allerdings als vornehmlich europäisches Phänomen.

Allgemein verfolgt Herr Mosimann nicht den Gedanken, nur allein den Konzerngewinn zu maximieren, sondern unterstützt auch Bemühungen zu nachhaltiger Produktion. So entscheide er sich aus Verantwortungsbewusstsein für Investitionen, die möglicherweise weniger rentabel sind, sich jedoch nicht negativ auf die Umwelt auswirken. Herrn Mosimann ist es grundsätzlich wichtig, dass das Management Nachhaltigkeit anstrebt – „Verantwortliche Unternehmensführung kommt keinesfalls darum herum". Ein Beispiel: Bei der Bucher Industries AG wurden Videokonferenzen eingeführt. Laut Mosimann hat der Konzern auf diese Weise circa 10 Mio. € eingespart. Nicht nur finanziell ist das ein Erfolg, sondern auch ökologisch, da dies einen Beitrag zur Minderung des CO_2-Ausstoßes darstellt. Der Kader nutzt das Flugzeug im Vergleich zu früher dank der fortschrittlichen Kommunikationstechnologie weniger. Dass sich das Umweltbewusstsein auch im Detail markant geändert hat, kann man in den Büroräumen der Bucher Industries AG beobachten. PET, Altpapier und Dosen werden von allen Mitarbeitern separat entsorgt.

Wir haben Herrn Mosimann gefragt, inwiefern sich seiner Meinung nach der Nachhaltigkeitsgedanke in den letzten Jahren verändert hat. Seine Antwort: Vor allem auf der Umweltseite habe sich extrem viel verändert. Die Umweltbelastung habe in nahezu allen Bereichen des täglichen Lebens zugenommen. Beispielsweise werde mehr Düngemittel gebraucht, da mehr Nahrung produziert werden müsse und aus diesem Grund entstehe auch mehr Abwasser, wodurch Gewässer möglicherweise verunreinigt werden. Als Folge davon wurden Umweltstandards und gesetzliche Grundlagen verschärft. Natürlich seien Standards und Gesetze nicht in allen Ländern genauso streng wie in der Schweiz. In der Schweiz existiere ein relativ hohes Niveau an Regelungen, die auch beachtet und kontrolliert werden. In andern Ländern sieht das wiederum ganz anders aus. Des Weiteren habe natürlich auch die Sensibilität bei den Kunden und bei den Endverbrauchern zugenommen. Abfälle, die man früher billig nach Osteuropa verschicken konnte, müsse man heute kostenintensiver in der Schweiz entsorgen. Hier verschmelzen ökonomische und ökologische Bedürfnisse.

Als interessantes Beispiel für den Unterschied zwischen verschiedenen Ländern bezüglich des Umgangs mit Umweltfragen hat Mosimann folgendes berichtet: Bei einem Besuch von chinesischen Geschäftspartnern sei diesen sofort aufgefallen, wie sauber die Flüsse und wie blau der Himmel in der Schweiz sind. In China hinke das Umweltbewusstsein der industriellen Entwicklung hinterher. Für uns selbstverständliche Tatsachen, wie die Umwelt zu schützen, seien dort noch nicht realisiert.

Gesellschaftliche Wertschöpfung anstreben

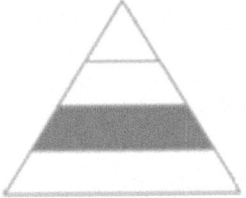

Der Interviewpartner betont, dass gesellschaftliche Verantwortung und Nachhaltigkeit für ihn Hand in Hand gehen. Dabei kritisiert er insbesondere die mangelnde Vermittlung von entsprechenden Werten an Wirtschaftsuniversitäten. Auf Bucher selber bezogen wird der Hauptbeitrag des Unternehmens für die Gesellschaft in der Schaffung von guten und zukunftsfähigen Arbeitsplätzen und dem steten Einbezug der Mitarbeiter in die Entwicklung des Unternehmens gesehen. Durch die Verfolgung des Stakeholderansatzes wird ein Interessenausgleich zwischen verschiedenen Anspruchsgruppen angestrebt. Zudem leiste Bucher durch Steuerzahlungen einen Beitrag für die Allgemeinheit.

Für Mosimann sind Nachhaltigkeit und Verantwortung sehr stark miteinander verknüpft. Das bedeutet Verantwortung nicht nur gegenüber den Eigentümern und Kapitalgebern, sondern auch gegenüber der gesamten Gesellschaft. Gerade die Ausbildung hat seiner Meinung nach sehr viel Einfluss auf das zukünftige Handeln eines Individuums. Zu der Forderung nach verstärkter Vermittlung des Nachhaltigkeitsgedankens in der Ausbildung, äußert sich Mosimann kritisch gegenüber der aktuellen Wissensvermittlung, besonders an den Wirtschaftshochschulen, wo zukünftige Führungskräfte ausgebildet werden.

„Das eine ist Wissensvermittlung bezüglich der Vermittlung von Tools, Methoden und Vorgehen. Was meiner Meinung nach jedoch stärker vermittelt werden sollte, gerade für angehende Führungskräfte, welche in statistischer Weise mehr in Wirtschaftshochschulen ausgebildet werden, wäre der Versuch einer Verinnerlichung solcher Werte", sagt Mosimann. „Es ist viel wichtiger, dass die Leute selber sehen, dass es in dieser Richtung nicht mehr weiter gehen kann. Wir müssen neue Wege definieren und neue Lösungen etablieren. Wenn dies von der neuen Generation wirklich verinnerlicht wird, nicht angelernt, dann kommt der Rest von alleine". Zu oft werde in den Hochschulen ein falsches „Werteset" vermittelt, welches zu stark auf bestimmte Schwergewichte ausgerichtet sei. Zu dieser Problematik meint Mosimann: „Wenn z. B. an der HSG [Universität St.Gallen] sich die Ökonomen nur damit befassen, wie man Geld verdient, und nicht andere Werte aufnehmen, dann muss man sich nicht wundern, dass überwiegend in dieser Art gearbeitet wird. Diese Ökonomen gehen dann später in die Welt und wenden das Gelernte an, vielleicht auch erfolgreich, aber sie besitzen keine Werte bezüglich der Nachhaltigkeit. Dort, vor allem bei den wirtschaftlichen Hochschulen, bestehen meiner Meinung nach noch viele Verbesserungsmöglichkeiten."

Unternehmen müssen sich prinzipiell nach ihrem Wert für die Gesellschaft beurteilen lassen können. Gefragt sind Prinzipien wie Verantwortungsbewusstsein, Nachhaltigkeit und Moral. Wie kann nun ein Unternehmen in diesem Prozess einen Beitrag oder Wert für die Gesellschaft leisten? Herr Mosimann hat in unserem Interview folgende Punkte aufgelistet: "Wir als Unternehmen haben grundsätzlich die Aufgabe, Arbeitsplätze zu schaffen und zwar zukunftsfähige Arbeitsplätze. Wir müssen nicht nur für die Strukturerhaltung sorgen, denn das bringt uns schlussendlich nicht weiter. Diejenigen Leute, welche bei uns arbeiten und sich dafür einsetzen, denen soll es besser gehen als dem Durchschnitt".

„Bei uns ist die Employer's Liability ein wichtiges Thema, wir bilden unsere Leute weiter aus und wenn diese die Initiative haben, sich weiterzubilden, dann finanzieren wir das. Wenn die Mitarbeiter krank oder müde werden, dann versuchen wir, diese umzuplatzieren. Grundsätzlich kann dies mit Konsequenzen wie z. B. dem Rückgang ihrer Benefits stattfinden, weil wir uns vielleicht dadurch nicht mehr in einer konkurrenzfähigen Position befinden". Auch rund um das Thema

4.2 Spannungsfelder und Herausforderungen

der Sicherheit des Arbeitsplatzes sollte nicht das Prinzip „hire & fire" tonangebend sein und auch nicht das Profitinteresse des Unternehmens allein. Den neuen Angestellten muss der Vertrauensaufbau erleichtert werden und auf diese Weise wird bei den Angestellten Wohlstand und Sicherheit geschaffen. Eine zu hohe Fluktuationsrate sei zudem mit hohen Wissensverlusten und Einführungskosten verbunden. Mosimann dazu: „Wenn wir dort viel wechseln, dann bestrafen wir uns selbst". Der Beitrag der Mitarbeiter sorgt somit für die langfristige Entwicklung der Unternehmung und ist auch von ökologischem und sozialem Verhalten geprägt. Dabei werde aber eine bestimmte Flexibilität verlangt und erwartet, die es den Führungskräften ermöglicht, die Potentiale der Mitarbeiter in verschiedenen Bereichen zu nutzen. Es ist daher auch mit Umplatzierungen zu rechnen. „Diejenigen Arbeiter, welche nur für eine Position geeignet sind, was sollen die denn machen, wenn wir diese Position wegrationalisieren müssen? Dann müssen wir sie entlassen. Wenn hingegen jemand mehrere Fähigkeiten besitzt, dann kann er in mehreren Abteilungen eingesetzt werden und wir müssen keine Arbeitsplätze wegrationalisieren. Diese Fähigkeit wird heute von den Arbeitern nicht sehr geschätzt, da sie eher das machen möchten, was ihnen gut gelingt. Gerade dies bedeutet für uns ebenfalls nachhaltig bewirtschaften, indem für das Unternehmen weniger Kosten entstehen (Ausbildungskosten) und auch die Fluktuationsrate der Eingestellten mildere Schwankungen erlebt und somit für den Aufbau von Vertrauen sorgt."

Bei Bucher wird auch stark auf den Stakeholderansatz zurückgegriffen. Die Weiterbildung und Beibehaltung von Arbeitskräften kommt sowohl den Unternehmen als auch der Gesellschaft zu Gute. „Die Hauptbotschaft ist, dass Unternehmensführung eine Optimierung von völlig unterschiedlichen und häufig entgegengesetzten Zielen repräsentiert. Der Kunde will das beste Produkt zum billigsten Preis, der Lieferant will den höchsten Preis erhalten, die Mitarbeiter möchten die höchsten Löhne und das Unternehmen soll hohe Rendite erzielen. Gerade in diesem Bereich wird eigentlich versucht, jede Partei zufrieden zu stellen und somit einen Mehrwert für alle zu schaffen, ohne jemanden davon auszugrenzen."

Nachhaltigkeit, als Verantwortung gegenüber Dritten, impliziert Investitionen. Dabei muss es sich nicht nur um rein ökonomische Investitionen handeln, sondern man kann auch von Investitionen auf der Ebene des zwischenmenschlichen Handelns sprechen. Gemeint sind Aspekte wie Zeit, Zuhören, auf Anliegen eingehen, sowie Aus- und Weiterbildungsangebote. Bezüglich dieses Themas hat sich innerhalb des Konzerns in den letzten Jahren viel verändert. Was für Investitionen werden heutzutage in den Unternehmen getätigt, um nachhaltiges Handeln zu unterstützen? In diesem Sinne haben wir den CEO von Bucher gefragt, wie sich das Verhältnis mit den Mitarbeitern gestaltet. Wie ist die Kommunikation intern geregelt und können die Mitarbeiter ihre Anliegen ohne Probleme mitteilen? Als früher noch das Vorschlagswesen vorhanden war, anhand dessen bestimmte Äußerungen von Seite der Mitarbeiter an die Spitze weitergeleitet wurden, existierte eine enorme Bürokratie, eine ineffiziente Bottom-up Kommunikation und man konnte dadurch kaum am tatsächlichen Geschehen teilnehmen. Heute sind mehrere Neuerungen und Verbesserungen in diesem Gebiet eingeführt worden.

Mosimann berichtet darüber: „Tempi passati, solche Abteilungen gibt es nicht mehr. Heute läuft es ganz anders. Da nimmt der Meister seine Leute zusammen und fördert diese, nach Verbesserungen zu streben. Es werden sogenannte Kaizen-Workshops durchgeführt und es geht hauptsächlich darum, Produktionsprozesse oder Arbeitsplätze nach Wünschen der Mitarbeiter zu gestalten und zu optimieren. So werden Verbesserungen nicht nur diskutiert, sondern vor Ort umgesetzt."

In diesem Vorgang können mehrere Vorteile für das Unternehmen und für die Mitarbeiter entstehen. Einerseits können die Arbeiter alle ihre Vorschläge direkt vor Ort äußern und andererseits ist die Akzeptanz von Neuerungen höher als das oft bei top-down Regulierungen der Fall ist. „Solche Verbesserungen sorgen für eine immer flachere Hierarchie innerhalb des Unternehmens und dies geschieht in ihrem Interesse, um die Betriebstätigkeit zu optimieren und wünschenswerte Arbeitskonditionen zu schaffen."

Der Konzern optimiere laut Mosimann die Steuern innerhalb des gesetzlich Möglichen. Das Unternehmen versuche aber nicht, irgendwelche Tricks anzuwenden oder Betrügereien zu begehen. Dies wäre nicht sinnvoll, da die Gesellschaft, das soziale Umfeld und der Staat die Steuergelder benötigen, um ihre Aufgaben erfüllen zu können. „Jeder Einzelne, ob Privatperson oder Unternehmen muss Rechenschaft ablegen." Mosimann gibt zudem an, dass er niemals wegen steuerlicher Gründe aus der Stadt St.Gallen wegziehen würde, um in einem anderen Kanton weniger zahlen zu müssen: „Man muss hier für seine Pflichten geradestehen".

Langfristige Profitabilität und wirtschaftliche Ressourcen schaffen

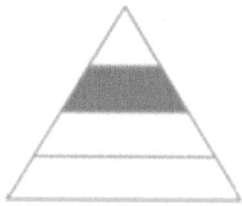

Im Bereich der Produktion versucht die Bucher Industries AG durch die Verlagerung von bestimmten Arbeitsschritten ins Ausland ihre langfristige Profitabilität

4.2 Spannungsfelder und Herausforderungen

zu stärken. Bei Finanzanlagen liegt der Fokus besonders auf Sicherheit. Herr Mosimann macht auch deutlich, dass es Trade-Offs zwischen gesellschaftlicher Wertschöpfung und langfristiger Profitabilität geben kann und warnt vor starken einseitigen regulatorischen Eingriffen. Kurzfristig orientierte politische Maßnahmen in westlichen Staaten seien oft ein Hindernis für nachhaltiges Handeln.

Aufgrund der Globalisierung und des extremen Wirtschaftswachstums in China, Indien und Südamerika wird der Druck auf die Schweizer Industrie immer größer. Die Kosten müssen gesenkt werden, um auch international konkurrenzfähig zu bleiben. Auch an Bucher ist nach Herrn Mosimann dieser Sachverhalt nicht einfach so vorbeigezogen. Es müsse stark auf die Rentabilität geachtet werden. Bereiche, die nicht rentabel sind, müssen entweder abgestoßen oder „outgesourced" werden. Ein aktuelles Beispiel bei Bucher Municipal hat Herr Mosimann genauer erklärt: Die Blechbehälter der Fahrzeuge wurden bis vor zehn Jahren in der Schweiz geschweißt. Die Kosten dafür waren aber zu hoch und der Bereich war nicht mehr genügend rentabel. Aus diesem Grund wurde in Lettland eine Fabrik nach Schweizer Richtlinien gebaut, mit allen Sicherheitsregeln, wie sie auch in der Schweiz gelten. Mittels dieser Maßnahme konnten die Kosten in diesem Bereich um rund 40 % gesenkt werden. Die negative Konsequenz war, dass die Bucher Industries AG Arbeitsplätze in der Schweiz abbauen musste. Herr Mosimann ist aber überzeugt, dass dies die sozial verträglichste Vorgehensweise gewesen sei, denn hätte das Unternehmen diese Maßnahme nicht getroffen, hätte es bald den ganzen Bereich schließen müssen. Folglich wurden die gesellschaftliche Wertschöpfung und die dauerhafte Profitabilität gefördert, da der Bereich heute rentabel ist und viele neue Arbeitsplätze schafft. Viele davon wurden auch in der Schweiz erhalten, da das Engineering, der Verkauf wie auch die Endmontage immer noch lokal angesiedelt sind.

Wie geht Bucher mit Finanzinvestitionen um und werden auch Gelder in Produkte investiert, die einen Nutzen für Gesellschaft und Umwelt bringen? Laut Mosimann werde das Excess-Cash meist kurzfristig investiert. Dabei werde vor allem auf die Rentabilität geachtet und nicht spezifisch auf die nachhaltige Ausrichtung bestimmter Fonds gesetzt. Da solche nachhaltigen Finanzprodukte zum Teil mit einem höheren Risiko verbunden sind und Bucher nur begrenzte Mittel besitzt, werden diese Gelder möglichst sicher und rentabel angelegt.

Wir wollten von Mosimann wissen, wo er die Grenzen der Nachhaltigkeit sieht. Es kann zu Situationen kommen, in denen gesellschaftliche Wertschöpfung und Gewinnstreben des Unternehmens in Konflikt stehen. Wie sollte diese Problematik gelöst werden? Für Mosimann gibt es mehrere potentielle Grenzen. Beispielsweise sei für ihn die Frage der Konkurrenzfähigkeit allgegenwärtig und man müsse sich stets daran orientieren. Angenommen, die Schweiz würde eine Vorreiterrolle einnehmen und sehr drastische Umweltstandards einführen, dann so Mosimann, würde man sich selber aus dem Markt „katapultieren". Da die Schweiz im internationalen Vergleich sehr klein ist, würden die ergriffenen Maßnahmen weltweit praktisch keinen Einfluss zeigen. Die Folge wäre, dass Schweizer Unternehmen aufgrund von extrem hohen Kosten nicht mehr fähig wären, dem internationalen Konkurrenzdruck standzuhalten. Daher ist es wichtig, dass der ökonomische und der ökologische Gedanke ausbalanciert werden. Mosimann vertritt die Auffassung, dass Nachhaltigkeit im internationalen Rahmen immer miteinander vergleichbar sein sollte (beispielsweise anhand ähnlicher Entwicklungslevel in allen Ländern). Natürlich sollte es Vorreiter geben, jedoch kann es aus ökonomischen Gründen keine zu großen Schritte geben. Denn sonst würde die heute schon starke Standortkonkurrenz weiter steigen und so große volkswirtschaftliche Schäden erzeugen.

Eine weitere Grenze der Nachhaltigkeit besteht in der Politik, denn heute ist das Hauptproblem vieler Politiker, dass sie die nächsten Wahlen gewinnen müssen oder wollen. Daher würde vor allem in der westlichen Politik extrem viel geredet, aber effektiv nicht wirklich etwas unternommen. Wenn viel geredet wird, dauern alle Vorgänge länger. Die Industrie in der Schweiz entwickelt sich viel schneller als die Politik. Aus diesem Sachverhalt folgt, dass es weder langfristige Maßnahmen noch überhaupt ein langfristiges Denken gibt. Dieses kurzfristige Denken – so Mosimann – ist eine weitere kritische Grenze der Nachhaltigkeit und erschwert die nachhaltige Bildung wirtschaftlicher Ressourcen. Als extremes Gegenbeispiel könnte man China sehen. Durch die konzentrierte Macht der Regierung muss diese sich nicht der Gesellschaft gegenüber rechtfertigen. Dieses international vor allem vom Westen kritisierte Politiksystem, hat jedoch einen markanten Vorteil. Es ermögliche, langfristig zu planen und das Geplante auch durchzusetzen. Dies sei in Grund, warum China den Westen aus ökonomischer Sicht überholen werde. Daraus resultiere allerdings, dass die Wirtschaft sich sehr wohl darauf konzentrieren sollte, keinen Schaden für die Gesellschaft zu erzeugen und nachhaltig zu agieren. Die Konkurrenzfähigkeit und vor allem die Rentabilität dürfen dabei nicht vernachlässigt oder unterschätzt werden.

Anstand in Graubereichen zeigen

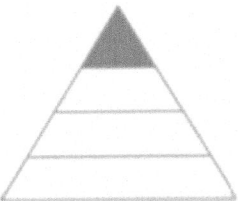

Herr Mosimann betont, dass das positive Image von Bucher sich vor allem daraus speise, wirklich anständig zu handeln. Als beliebter Arbeitgeber und verantwortungsvoller Unternehmensbürger verzichte die Bucher Industries AG auf ein als oberflächlich wahrgenommenes Nachhaltigkeitsreporting und hebt stattdessen die Bedeutung anständigen Handelns hervor.

Der Anstand einer Unternehmung in Bezug auf ihr Handeln gegenüber der Gesellschaft wird überwiegend durch die öffentliche Meinung geprägt. In diesem Zusammenhang bemerkt Mosimann: „Bucher galt aufgrund ihrer Familientradition in der Schweiz immer als eine sehr grundsolide Firma, eher konservativ und ohne Exzesse. In der Finanzwelt hat man uns nicht so gekannt, da die vorherige Familie eher introvertiert war, obwohl das Unternehmen börsenkotiert war. Heute sind wir an jedem Standort ein großer Arbeitgeber und schaffen Arbeitsstätten mit über 300 Angestellten. Hiermit haben wir als Arbeitgeber einen guten Ruf." Die Bucher Industries AG hat offenkundig eine positive öffentliche Meinung über Jahre hinweg aufgebaut.

Man könnte es auch so formulieren: Im Zürcher Unterland bis hin zum Rhein weiß fast jeder, wer Bucher ist. Vielleicht sei nicht genau bekannt, was sie produzieren, aber in jedem Fall kenne man sie als einen guten Arbeitgeber. „Attraktivität steht im Zusammenhang mit unseren Produkten und es erscheint vor allem für junge Leute sehr attraktiv, in unserem Unternehmen zu arbeiten". Bucher legt in diesem Sinne viel Wert darauf, sich bei den jungen Leuten von der besten Seite zu präsentieren und sie dementsprechend in die Unternehmenstätigkeit einzubinden. Der Wert und das Image einer Unternehmung können durch einen solchen Auftritt nur profitieren. Durch diesen über Jahre hindurch aufgebauten guten Ruf habe das Unternehmen auch keinen Druck seitens der Öffentlichkeit gespürt. Es werde darauf geachtet, gemäß dem Prinzip des „Good Citizen" zu handeln und entsprechende Investitionen zu tätigen. Dies werde von den Behörden sehr geschätzt und hat zu einem anständigen Profil der Unternehmung beigetragen. Hervorzuheben ist jedoch der Druck, der aus der Finanzwelt kommt. Immer mehr werden die Unternehmen mit bestimmten Ansprüchen der Finanzwelt konfrontiert.

Ein Beispiel stellen nach Mosimann die Greenfonds dar. „Greenfonds dürfen nur dort investieren, wo bestimmte Berichte angefertigt und zur Verfügung gestellt werden, welche verschiedene Reportings (Social und Environmental Reportings) beinhalten. Jedoch sehe ich diese nur als einfache Bekenntnisse, denn es ist selbstverständlich, dass eine Firma sich als umweltfreundlich bezeichnet. Wir machen aber nicht eine große Sache daraus, denn die Finanzwelt ist rigide und es müssen ganz klare Voraussetzungen eingehalten werden. Man darf nur dort investieren, wo Berichte verfasst und Zertifizierungen gemacht werden". Zertifizierungen seien jedoch einfach zu erlangen und würden nur in geringem Maß ausdrücken, ob die Unternehmung effektiv etwas außerhalb der eigenen Aktivität bewirkt. Gerade mit dieser Äußerung nimmt die Bucher Industries AG eine klare Position zu den Berichten ein, mit der Grundhaltung, keine „aufgeblasenen" Informationen zur Verfügung zu stellen. Sie steht zu ihren Aussagen, indem sie direkte Antworten an die Finanzwelt deklariert. „Es hat sich eine ganze Industrie diesbezüglich aufgebaut, welche dies animiert und wo viele Consultants Berichte herstellen, jedoch schlussendlich aber nur Bürokratie schaffen. Wir wollen eher durch Taten beweisen, dass wir der Umwelt einen Beitrag leisten. In diesem Sinne machen wir bei solchen Spielregeln nicht mit und wenn es der Finanzwelt nicht passt, dann sollen sie uns vom Fonds streichen". Mosimann argumentiert, dass er Nachhaltigkeit nicht nur als eine simple Marketingstrategie sehe, die kurzfristig zu positiven Margen und Anerkennung führe, sondern sie sei vielmehr ein langfristig zu entwickelnder Wert, der den Realitätsbezug und die Gestaltung aller bekannten Tatsachen beachte. Vor allem könne dies als „anständiges" Verhalten gegenüber den Stakeholdern und der allgemeinen Öffentlichkeit interpretiert werden, bei denen nicht nur schöne Wörter und Sätze, sondern vielmehr Taten zählen.

4.3 Résumé und Ausblick

In unserer Studie wurden in Anlehnung an die Gemeinwohlpyramide, die Strategie und das Verhalten der Bucher Industries AG analysiert. Grundsätzlich haben wir dabei erfahren, wie dieser Konzern mit den Aspekten des Anstandes im Graubereich, der langfristigen Profitabilität, der gesellschaftlichen Verantwortung und der Schadensvermeidung umgeht. Die Handlungslinie der Bucher Industries AG und deren CEO Philip Mosimann ist mit dem Gedanken der Nachhaltigkeit, beziehungsweise der Langfristigkeit, eng verknüpft. Es geht dabei sehr stark um Verantwortung gegenüber den verschiedenen Stakeholdern, die nicht ungleich behandelt werden sollen. In diesem Sinne hat Bucher viele materielle Ressourcen und auch Zeit investiert, um einen gewissen Wohlstand zu erreichen – nicht nur im Eigeninteresse.

4.3 Résumé und Ausblick

Welche Maßnahmen zur Nachhaltigkeitsförderung sind am effektivsten? Hier die bildhafte Erklärung von Herrn Mosimann: „Es ist wie eine Art Wasserpyramide. Durch die persönliche Präsenz, durch die Inputs, die man den Führungskräften gibt, ist es möglich, einen Multiplikationseffekt zu erzeugen, durch den man indirekt die Mitarbeiter in ihrer Arbeitsweise beeinflussen kann". Im Maschinenbau würden Einzelprojekte eher indirekt zur Nachhaltigkeit beitragen. Würde die Bucher Industries AG etwa einen Riesenkran entwickeln, der 10 % weniger Energie verbraucht, dann würde die Produktion und Entwicklung mehr kosten als bei den herkömmlichen Riesenkränen. Im Endeffekt sei der gemeinschaftliche Nutzen dadurch grösser, weil alle Kunden von Bucher diese weniger energieintensiven Maschinen einsetzten. Die Produktion solcher Maschinen wäre ein klarer Beitrag zu den Energiesparmaßnahmen.

Ökonomie, Ökologie und soziale Verantwortung müssen auf der gleichen Ebene behandelt werden, damit man polarisierte Handlungen vermeiden kann und somit ein anständiges Handeln in Graubereichen erleichtert wird. Nach Mosimann kann eine Entscheidung im Graubereich nicht gefällt werden, wenn man nur eine ganz bestimmte Werthaltung besitzt. Das Thema „soziale Verantwortung" wird heutzutage oft vernachlässigt oder nur gering behandelt. In einer Welt, in welcher Geld eine starke Bedeutung besitzt, rückt dieser Aspekt nachhaltigen Handelns in den Hintergrund. Bei Bucher ist dies jedoch offenkundig nicht der Fall, da sie gerade auf dieser Ebene viel unternimmt. So möchte sie etwa optimale Arbeitsbedingungen auf allen Stufen des Unternehmens schaffen. Dies soll einerseits das Vertrauen gegenüber den Führungskräften stärken und andererseits zur vollständigen Nutzung des Mitarbeiterpotentials beitragen.

Allgemein kann ein sehr hoher Aufwand für die Gestaltung von Nachhaltigkeit seitens des Konzerns festgestellt werden. Vor allem ist es für den CEO Philip Mosimann sehr wichtig, eine starke Kultur innerhalb des Unternehmens zu entwickeln, die auf einer effizienten Struktur aufbaut. Die Bedürfnisse der Mitarbeiter sollen einen zentralen Stellenwert innerhalb des Unternehmens haben und ihr Potential soll vollständig ausgeschöpft werden. Durch kontinuierliche Verbesserungen der eigenen Kapazitäten und vor allem mittels langfristiger Ausrichtung der Geschäftstätigkeiten kann das Unternehmen auf finanzieller, sowie auf prozessualer Ebene davon profitieren. Mosimann appelliert an die Gesellschaft und vertraut insbesondere auf den gesunden Menschenverstand: Jeder Einzelne solle für seine Pflichten geradestehen, da das ein Beitrag zum Wohle der Gesellschaft und des Staates und somit jedes Individuums ist. Die Gewissenhaftigkeit und auch das Pflichtgefühl stellen für ihn Werte dar, die jedes Individuum mit sich tragen sollte. Nachhaltigkeit werde in der Industrie immer mehr an Bedeutung gewinnen. Man solle diese Ausrichtung jedoch eher durch innerliche Überzeugung verfolgen und nicht nur als angelerntes Mittel zum Zweck begreifen.

> **Reflexionsfragen**
>
> - Inwiefern steht die Bucher Industries AG „für ihre Pflichten gerade?"
> - Worin sieht die Bucher Industries AG vor allem ihren gesellschaftlichen Wertbeitrag?
> - Erklären Sie den Trade-Off zwischen Nachhaltigkeit und Konkurrenzfähigkeit im internationalen Markt. Welche Beispiele nennt Herr Mosimann? Welche Chancen kann Nachhaltigkeit Unternehmen bei der Positionierung im Wettbewerb bieten?
> - Herr Mosimann betont die wichtige Rolle von Wirtschaftsuniversitäten bei der Vermittlung von nachhaltigen Werten. Inwiefern sehen Sie die Universitäten hier in der Pflicht und glauben Sie, dass dort vermittelte Werte im Geschäftsleben Bestand haben?
> - Mittlerweile betreibt die Bucher Industries AG ein Nachhaltigkeitsreporting nach Global Reporting Initiative (GRI)-Standard. Welche Argumente nennt Herr Mosimann im Jahr 2010 für den Verzicht auf ein solches Nachhaltigkeitsreporting und was könnte zu dem Umdenken geführt haben?
> - Wo sehen Sie noch Verbesserungspotentiale im Nachhaltigkeitsansatz von Bucher?

Literatur

Bucher Industries AG. (2012a). *Von der Schmiede zum Weltkonzern.* http://www.bucherindustries.com/de/history. Zugegriffen: 1. Feb. 2013.
Bucher Industries AG. (2012b). *Geschäftsbereiche.* http://www.bucherindustries.com/de/node/530. Zugegriffen: 1. Feb. 2013.
Bucher Industries AG. (2012c). *Mission und Vision.* http://www.bucherindustries.com/de/node/460. Zugegriffen: 1. Feb. 2013.
Mosimann, P. (2010). *Persönliches Interview.* Geführt von Nicolas Berchten, Mattia Picoli und Saray Turan (Okt. 2010).

Weiterführende Literatur

Gomez, P., & Meynhardt, T. (2009). Public Value: Gesellschaftliche Wertschöpfung im Fokus der Führung. In St. Seiler (Hrsg.), *Führung neu denken – im Spannungsfeld zwischen Erfolg, Moral und Komplexität* (S. 125–170). Zürich: Orell Füssli Verlag AG.
Meynhardt, T. (2013). Public Value: Organisationen machen Gesellschaft. *Zeitschrift für Organisationsentwicklung,* 4, S. 4–7.
Meynhardt, T., & Gomez, P. (unter Begutachtung). *Do it yourself! Building Blocks for New Pyramids of Corporate Social Responsibilities.*

Der gesunde Menschenverstand ist das Maß der Dinge – Versatel

5

Inhaltsverzeichnis

5.1 Das Unternehmen Versatel AG 59
5.2 Spannungsfelder und Herausforderungen 63
5.3 Résumé und Ausblick 68
Literatur 70

5.1 Das Unternehmen Versatel AG

Die Versatel AG gehört zu den führenden deutschen Anbietern von Sprach-, Internet- und Datendiensten für Privat- und Geschäftskunden. Die heutige Aufstellung der Versatel AG ist auf einige Fusionen und Übernahmen zurückzuführen. Nachdem das Private Equity Unternehmen Apax im Jahr 2003 die Mehrheit der Tropolys GmbH übernahm, erwarb sie im Oktober 2005 die deutsche Versatel Telecom International N.V. mit dem Ziel, beide Unternehmen zu fusionieren. Im Jahre 2005 führte dieser Zusammenschluss schließlich zur heutigen Versatel AG.

Die einstige börsennotierte Versatel Telecom International N.V. bildete eine Holding-Gesellschaft für die in Deutschland operierenden Versatel-Gesellschaften. Der Kauf des Dortmunder City Carriers VEWtelnet und der Flensburger KomTel im Jahre 1999 ebnete Versatel den Weg auf den deutschen Telekommunikationsmarkt. Durch den Erwerb weiterer Anbieter wie der Stuttgarter Tesion, der Münchner Completel und der Berliner BerliKomm stieg Versatel in die deutschen Kernmärkte ein. Die Tropolys GmbH dagegen, gegründet im Jahr 2000, umfasste einige Regional- und Stadtnetzbetreiber sowie 14 City Carrier. Insgesamt konnte die Tropolys GmbH in 59 Städten ihre Telekommunikationsdienstleistungen anbieten. Durch den Zusammenschluss von Tropolys und Versatel war somit ein kräftiges

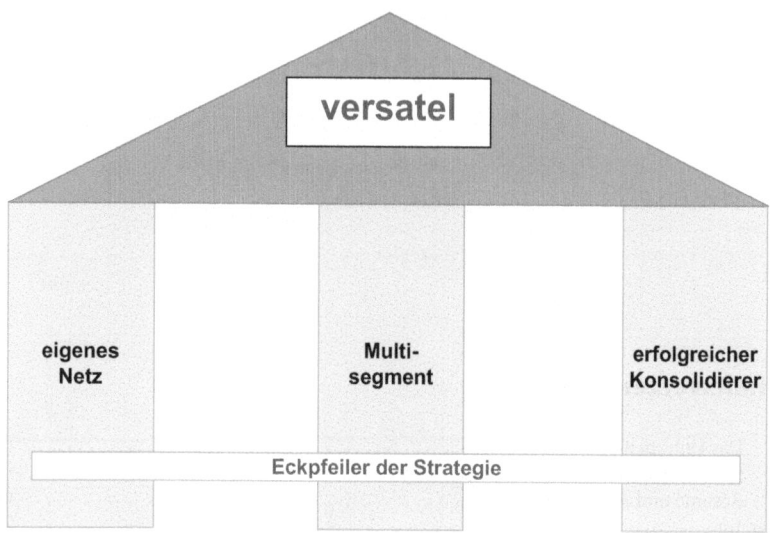

Abb. 5.1 Die 3-Säulen-Strategie von Versatel

neues Unternehmen geschaffen. Durch diverse weitere Übernahmen und Integrationen infrastrukturbasierter Regional- und Stadtnetzbetreiber zählt die Versatel AG heute zu den größten deutschen Telekommunikationsanbietern.

Mit 1290 Mitarbeitern erwirtschaftete das Unternehmen im Geschäftsjahr 2009 einen Gesamtumsatz von 734,5 Mio. €. An insgesamt neun Standorten in Deutschland und der Unternehmenszentrale in Düsseldorf vertreibt die Versatel AG ihre Dienstleistungen und Produkte bundesweit an rund 682.700 Breitbandkunden.

Das Geschäftsmodell der Versatel AG beruht auf einer Drei-Säulen-Strategie (siehe Abb. 5.1). Die Versatel AG verfügt über ein eigenes Netz, vertreibt ihre Dienste in verschiedenen Marktsegmenten und hat erfolgreich verschiedene Stadtnetzbetreiber in ein Unternehmen integriert. Dabei ist die erste Säule, das eigene Netz, das entscheidende Differenzierungsmerkmal gegenüber den Wettbewerbern und zählt zu den Kernkompetenzen von Versatel. Durch das hochmoderne und leistungsfähige Glasfasernetz mit einer Gesamtlänge von über 40.000 km hat die Versatel AG die Möglichkeit, 70 % aller deutschen Haushalte mit ihrem Angebot zu erreichen. Neben der Deutschen Telekom AG ist das Unternehmen der einzige Anbieter, der über eine so umfangreiche Infrastruktur verfügt. Weitere Kooperationen führen zur ständigen Vergrößerung der Netzabdeckung und helfen, dem Kunden flexible Telekommunikationslösungen anzubieten.

Die zweite Säule ist eine Multisegment-Strategie. So bietet Versatel Dienstleistungen und Produkte nicht nur Privat- und Geschäftskunden an, sondern ist noch in einem weiteren Geschäftsbereich, dem Wholesale, tätig.

5.1 Das Unternehmen Versatel AG

Im Privatkunden-Segment mit einem Umsatzanteil von 44 % bietet die Versatel AG DSL-, und ISDN-Pakete sowie Mobilfunk an. Durch das eigene Netz ist es Versatel möglich, schnelle Übertragungsraten und ein hervorragendes Preis-Leistungsverhältnis anzubieten. Eigene Shops, regionale Service Center sowie spezielle Serviceprodukte und ein dichtes Netzwerk kompetenter Vertriebspartner ermöglichen es, den Privatkunden einen bestmöglichen Service und Support bereitzustellen.

Im Geschäftskunden-Segment mit einem Umsatzanteil von 28 % bietet Versatel Internet-Sprachdienste, Virtuelle Netze (IP-VPN), Mietleitungen sowie Standortvernetzung an. Durch regionale Kompetenzzentren ist die Versatel AG in der Lage, kundenorientierte Lösungen zu realisieren und individuelle Produkte anzubieten. Die Versatel AG lässt ihre Geschäftskunden auch vom leistungsstarken Glasfasernetz sowie der Betreuung und Präsenz vor Ort profitieren. Im Geschäftskunden-Segment ist Versatel im Qualitäts- und Umweltmanagement ISO-zertifiziert.

Im Wholesale-Segment mit einem Umsatzanteil von ebenfalls 28 % spezialisiert sich Versatel auf die Vermarktung von Anschlüssen und Netzkapazitäten sowie auf die Durchleitung von Sprach- und Datenvolumen. Auch hier liegt ihr Wettbewerbsvorteil im eigenen Glasfasernetz. Für andere Netzbetreiber, Internetzugangsanbieter sowie Kabel- und Telekommunikationsunternehmen, die über kein eigenes Netz verfügen und nicht in ihre eigene Technik investieren wollen, ist es lukrativ, den Service von Versatel in Anspruch zu nehmen.

Den dritten und letzten Eckpfeiler der Strategie definiert die Versatel AG als „erfolgreicher Konsolidierer". Sie erwarb und integrierte zahlreiche infrastrukturbasierte Regional- und Stadtnetzbetreiber, womit sie in Deutschland zu den größten Telekommunikationsanbietern zählt (Versatel AG 2009; Versatel AG 2010).

Aus der Konsolidierungsstrategie ergeben sich auch Herausforderungen. So gestaltet die Versatel AG derzeit in einem langen und komplexen Prozess ihre Unternehmenskultur. 22 Stadtnetzbetreiber, sprich „22 verschiedene und total unterschiedlich geprägte Kulturen" (Bandle 2010) sind auf einen Nenner zu bringen. Die Unternehmenskultur berührt den Bereich der Nachhaltigkeit in besonderer Weise, da sie vor allem die sozialen Aspekte der Unternehmung einbezieht. Hierzu ein Beispiel: Versatel führte das sogenannte Hay-System ein, das eine faire Entlohnung der Mitarbeiter unterstützt. Dieses neutrale Gehaltssystem orientiert sich am Marktdurchschnitt und dient einer objektiveren Beurteilung. Aus Gründen der Motivation ist ein Teil der Vergütung variabel, weshalb ein weiteres Beurteilungssystem eingeführt wurde, das anhand klar festgelegter Kriterien eine faire Vergütung unterstützt.

Aus den Interviews ging hervor, dass Versatel sich in einem Prozess der strategischen Neuausrichtung befindet und sich vom 3-Säulen-Modell mehr in Richtung Business-to-Business Geschäft bewegen möchte.

Unsere Gesprächspartner bei Versatel
Alain D. Bandle
Der gebürtige Schweizer Alain Bandle ist CEO des Schweizer Medienunternehmens Publicitas. Zum Zeitpunkt des Interviews war er Vorstandsvorsitzender der Versatel AG. Nach mehreren Stationen bei Dell sammelte der zweifache Vater als Vorstand bei der VEBA AG und als Vorsitzender des Aufsichtsrates von E-Plus und o-tel-o Erfahrungen in der Telekommunikationsbranche. Bandle absolvierte das MBA Programm der Universität St.Gallen.

Marius Rispeter
Zum Zeitpunkt des Interviews war Marius Rispeter Finanzvorstand (CFO) der Versatel AG. Während des Börsengangs im Jahr 2007 war er verantwortlich für die Aussendarstellung am Kapitalmarkt und für die Bond-Platzierung zur Unternehmensrefinanzierung. Zu Versatel wechselte Marius Rispeter als Leiter im Bereich Investor Relations. Rispeter startete seine Karriere bei der Deutschen Telekom AG. Rispeter legte sein Studium zum Diplomkaufmann an der Technischen Universität Stuttgart ab.

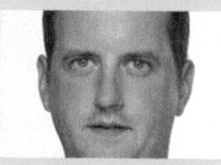

5.2 Spannungsfelder und Herausforderungen

Sebastian Podwojewski
Sebastian Podwojewski ist Senior Referent Corporate Communications bei der Klöckner & Co SE in Duisburg. Zum Zeitpunkt des Interviews war er Referent für Corporate Communications bei der Versatel AG. Davor war er für die RWE AG tätig. Herr Podwojewski hat einen Magister in Kommunikationswissenschaften von der Universität Duisburg-Essen.

5.2 Spannungsfelder und Herausforderungen

Die Informationen der folgenden Passage beziehen sich auf die Interviews mit den Vertretern von Versatel am 19. Oktober 2010 (Bandle 2010; Podwojewski 2010; Rispeter 2010).

Schäden für die Gesellschaft weder fördern noch dulden

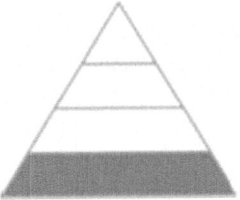

Die Interviewpartner wurden zu Beginn des Interviews nach ihrem persönlichen Verständnis von Nachhaltigkeit gefragt. Die Vorstandsmitglieder Alain D. Bandle und Marius Rispeter verstehen unter Nachhaltigkeit den reversiblen Umgang mit Ressourcen auf ökologischer, wirtschaftlicher und sozialer Ebene, sodass diese wieder für zukünftige Generationen bereitgestellt werden können. Über die Nachhaltigkeitsentwicklung im Hinblick auf die Finanz- und Staatsschuldenkrise ab 2007 zeigen sich beide Interviewpartner enttäuscht. Auch wenn eine intensive Auseinandersetzung mit der Thematik stattgefunden hätte, scheitere es dennoch an der praktischen Umsetzung. Aus ihrer Sicht habe die Krise keinen Einfluss auf die Umsetzung strategischer, nachhaltiger Ziele in Politik, Wirtschaft und Gesellschaft gehabt. Stattdessen dominiere in den meisten Unternehmen weiterhin das Ziel der Gewinnmaximierung.

Dennoch unternimmt die Versatel AG einige Anstrengungen, das Unternehmen nachhaltig zu orientieren. So trifft sie zum Ersten solche Entscheidungen, die aus Gesellschaftssicht den kleinsten Schaden anrichten. Als Telekommunikationsunternehmen mit rund 700.000 Privatkunden hat die Versatel AG natürlich entsprechenden Marketingaufwand, was insbesondere den Versand von Werbematerial betrifft. Um hierbei die negativen ökologischen Folgen einzudämmen, hat man sich gezielt für ein CO_2-neutrales Produkt entschieden (Versandoption „100pro Klima"). Man fällt hier also die grundsätzliche Entscheidung, die Kosten nicht auf die Gesellschaft abzuwälzen (in Form von ökologischem Schaden), sondern trägt diese in monetärer Form selber. Ein weiteres Beispiel lässt sich im Flottenmanagement der Versatel AG finden. So hat man sich entschieden, beim Kauf neuer Fahrzeuge ein großes Gewicht auf deren ökologische Auswirkungen zu legen. Dies hat dazu geführt, dass die Fahrzeugflotte der Versatel AG heute zu einem großen Teil aus kleinen, verbrauchsarmen Fahrzeugen besteht und dadurch die variablen Nutzungskosten eingedämmt werden.

Weiterhin initiiert die Versatel AG proaktive Maßnahmen, wobei man bewusst Systeme und Prozesse implementiert, die Schäden für die Gesellschaft nicht mehr zulassen oder zumindest minimieren. Laut Marius Rispeter habe sich hier insbesondere seit der Ankunft Alain Bandles im Unternehmen Vieles geändert. Es werde enorm viel in die Optimierung von Prozessen gesteckt. Auch wurde ein Umweltmanagementsystem eingeführt, das den ISO 9001:2008 und ISO 14001:2004 Standards entspricht. Die Versatel AG hat das entsprechende Zertifikat erhalten, das die Existenz eines solchen Systems beweist. Bei den ISO-Normen handelt es sich um Handlungsempfehlungen ohne verpflichtenden Charakter. Diese fördern im Sinne eines Feedbackprozesses die ständige Verbesserung des Unternehmens in Sachen Nachhaltigkeit und stellen somit ein nachhaltiges Handeln für die Gesellschaft sicher.

Schließlich sei zu erwähnen, dass die Telekommunikationsbranche im Vergleich zu anderen Branchen relativ wenige natürliche Ressourcen verbrauche. Sie sei zwar eine energieintensive Branche, ermögliche aber für andere Industrien, gerade in Zeiten der Globalisierung, erhebliche Einsparungen. In der Finanzkrise sei eine drastische Senkung der Reisekosten zu beobachten gewesen, indem Geschäftsreisen durch Videokonferenzen substituiert wurden. So ermögliche die Telekommunikationsbranche der Gesellschaft ein produktives Verhalten, ohne dass dies zu Lasten von klassischen Ressourcen oder Rohstoffen gehe.

Gesellschaftliche Wertschöpfung anstreben

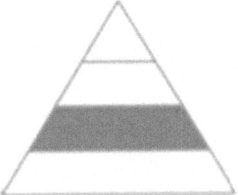

Die gesellschaftliche Wertschöpfung der Versatel AG wird von den Befragten an verschiedenen Stellen betont. So ist das Unternehmen um eine faire und nachhaltige Lehrstellenpolitik bemüht und strebt an, den Kunden eine preiswerte und qualitativ hochstehende Leistung anzubieten. Hinzu kommt philanthropisches Engagement. Für unsere Gesprächspartner geht es vor allem um die Verinnerlichung von nachhaltigen Werten. Deshalb wird Versatels Engagement auch nicht zu Marketing-Zwecken ausgeschlachtet.

Die Versatel AG sei stets bemüht, möglichst viele Lehrstellenplätze zu schaffen und somit jungen Leuten eine erste Berufschance zu geben, so Bandle. Die Versatel AG garantiere jedem Lehrling – und damit unterscheidet sie sich von vielen anderen Unternehmen – eine erste Anstellung nach der Ausbildungszeit. Dies ist insofern erstaunlich, als eine solche Politik mit großen Kosten verbunden ist, gerade wenn es sich um Lernende handelt, die den Vorstellungen des Unternehmens während der Ausbildung nicht genügt haben. Alain Bandle empfindet es aber als unmoralisch, einen Lehrling „anlernen zu lassen und vielleicht auszunutzen und ihm dann keine erste Stelle zu bieten".

Des Weiteren unternimmt die Versatel AG alle Anstrengungen, bezüglich Preis und Zuverlässigkeit führend zu sein. Fair sollte der Preis deshalb sein, weil man der Meinung ist, dass jedermann Zugang zur Telekommunikation haben sollte und man möchte entsprechend erschwingliche Angebote machen. Zuverlässigkeit ist vor allem deshalb wichtig, weil auftretende Schwachstellen im Betrieb der Telekommunikation zu enormen Auswirkungen in der ganzen Gesellschaft führen. So hat man erste Ansätze eines Qualitätsmanagements eingeführt, die sich allerdings noch in einem Anfangsstadium befinden und ausbaufähig sind.

Auch die Unterstützung lokaler Projekte ist ein Beitrag zur Stiftung gesellschaftlichen Nutzens. Zu nennen ist beispielsweise der Verein „Flensburg innovativ", der es sich zur Aufgabe gemacht hat, innovative Ideen aus Flensburg zu fördern (Flensburg innovativ e. V., ohne Jahr). Des Weiteren wird die Stiftung Zollverein gefördert, die sich insbesondere für Kultur engagiert. Man unterstützt auch sogenannte Flensburger Botschafter, die für die Region und deren Attraktivität für Unternehmen werben. Die Versatel AG vermarktet diese Aktivitäten aber nicht vordergründig öffentlichkeitswirksam, sondern agiert eher im Stillen. Man muss zu diesen Unterstützungsaktivitäten allerdings auch kritisch anmerken, dass es sich eigentlich eher um Sponsoring als um Nachhaltigkeitsförderung handelt. Dies gehört damit nur bedingt zur zweiten Stufe der Gemeinwohlpyramide.

Aktivitäten für die Öffentlichkeit werden bei Versatel durchaus praktiziert, indem man zum Beispiel Telekommunikationsdienstleistungen für Organisationen wie Turnvereine gratis zur Verfügung stellt, dies aber nicht öffentlich kommuniziert. Zum einen besitzt Nachhaltigkeit in der Telekommunikationsbranche noch nicht den Stellenwert, den das Thema zum Beispiel in der Nahrungsmittelbranche einnimmt und zum anderen sind die Leistungen noch nicht erwähnenswert genug, um Nachhaltigkeit als Marketing Tool einsetzen zu können. Versatel möchte nicht einfach einen „Marketing-Gag" erzeugen, um als nachhaltiges Unternehmen zu gelten. Herr Bandle möchte der Unternehmung nicht einfach das „Nachhaltigkeitsmäntelchen anhängen", sondern setzt vielmehr auf einen „gesunden Menschenverstand", um seine Unternehmung in sozialer und ökologischer Hinsicht auszurichten.

Sich selbst an die eigenen Ideale zu halten gilt bei Versatel als Voraussetzung, was Herr Bandle mit folgendem Sprichwort auf den Punkt bringt: „You have to walk your talk."

Langfristige Profitabilität und wirtschaftliche Ressourcen schaffen

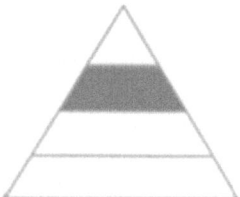

Die Versatel AG als mittelständisches Unternehmen priorisiert in ihrer Geschäftsstrategie die Gewinnmaximierung, um in erster Linie ihren Aktionären, Mitarbeitern und Kunden finanzielle Sicherheit zu garantieren. „Wir sind zu klein, um groß zu sein und zu groß, um klein zu sein" beschreibt Herr Bandle die Marktsituation, in der Versatel agiert. Ein dynamischer Markt sowie ein spürbarer ökonomischer Druck zwingen die Unternehmung, ihre Strategie neu auszurichten, weshalb man

5.2 Spannungsfelder und Herausforderungen

kein Geheimnis daraus macht, dass derzeit andere strategische Ziele der Nachhaltigkeit vorgezogen werden. Wie schon erwähnt, verabschiedet die Unternehmung das Drei-Säulen-Modell und widmet sich mehr dem Business-to-Business Geschäft. Hier sieht sich die Versatel AG langfristig gut aufgestellt, da sie so mit Geschäftskunden langfristige Beziehungen eingehen kann. Unterstützend wirkt hierbei vor allem das eigene hochmoderne Glasfasernetz, das dem Unternehmen einen nachhaltigen Wettbewerbsvorteil garantiert. Gerade im Geschäftskundenbereich sieht Versatel eine Steigerung der Nachhaltigkeitsbedürfnisse. Werte wie Qualität, Glaubwürdigkeit und Zuverlässigkeit spielen eine steigende Rolle, denn Profit allein reicht nicht mehr aus.

Die Versatel AG befindet sich in dieser Hinsicht in einer guten Position. Dass dies allerdings nicht immer so war, macht Marius Rispeter deutlich: „Gerade durch das Glasfasernetz, das ein wesentlicher Wettbewerbsvorteil der Versatel AG ist, ist man aber sowohl kurzfristig wie auch langfristig gut aufgestellt. Im Vergleich zu früher legt man den Fokus nicht mehr nur auf die Kundenneugewinnung, wie es im Telekommunikationsmarkt lange gepflegt wurde, sondern man verabschiedet sich zunehmend von der Drei-Säulen-Strategie und konzentriert sich auf langfristige Geschäftsbindungen. Dies ist ein solides Fundament, das auch künftigen Erfolg verspricht."

Anstand in Graubereichen zeigen

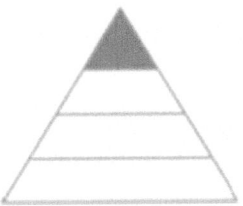

Die Versatel AG mit ihrem CEO Alain Bandle kann offenkundig auf eine sehr positive Entwicklung im Umgang mit rechtlichen Graubereichen verweisen. So habe man früher Fehlverhalten teilweise toleriert. Daraus habe man gelernt und ist heute diesbezüglich viel strenger. Mit Rücksicht auf Unternehmensinterna verzichten wir hier auf die detaillierte Ausführung von Beispielen. Eines sei dennoch erwähnt: die Personalpolitik. Neben dem bereits beschriebenen, vorbildlichen Umgang mit Auszubildenden behandele man ältere oder sozial schwieriger gestellte Mitarbeiter gleichermaßen anständig. So wird insbesondere bei Entlassungen stets Rücksicht auf die Auswirkungen für die betroffenen Personen genommen und auf deren künftige Berufschancen geachtet. Im Zweifelsfalle bleibt der Arbeitsplatz einer Person bestehen, selbst wenn dies aus rein ökonomischen Überlegungen für das Unternehmen keinen Sinn ergibt.

Herr Alain D. Bandle führte als CEO einige Prozesse und Instanzen in die noch relativ junge Unternehmung ein, die sich mit dem Problem der Nachhaltigkeit befassen. Neben den vom Gesetzgeber vorgeschriebenen Instanzen wurde beispielsweise ein Risikomanagement eingeführt, das sich mit Nachhaltigkeitskriterien sowie anderen ökologischen und sozialen Aspekten auseinandersetzt. Durch Herrn Bandle wurden zusätzliche Elemente eingebracht, um ein einheitliches Unternehmensauftreten zu gewährleisten. So besitzt die Unternehmung heute zum Beispiel einen Code of Conduct, der nach Herrn Bandle zwar noch als „trivial" erachtet wird, aber dennoch einige Standards aufweist, die noch nicht in jeder Unternehmung verankert sind und erste Schritte in Richtung nachhaltiges Denken demonstrieren. Im Code of Conduct finden sich einfache Regelungen wie das Löschen von Lichtern, bis hin zur Regelung der Firmenfahrzeugnutzung und den Vorschriften über Mietautos. So füllt Versatel rechtliche Graubereiche mit Selbstregulierung.

5.3 Résumé und Ausblick

Alain Bandle und Marius Rispeter betonten mehrmals, dass die Versatel AG in Sachen Nachhaltigkeit noch keine „Goldmedaille" verdiene. Das Unternehmen sei bis vor kurzem noch zu stark mit eigener Entwicklung und dem Überleben beschäftigt gewesen. Mit dem Thema Nachhaltigkeit hätte man sich daher weniger befasst.

Es besteht für die Versatel AG aber kein Anlass zu falscher Bescheidenheit. Denn die Analyse nach den Kriterien der Gemeinwohlpyramide zeigt, dass durchaus ernsthafte Bemühungen seitens des Unternehmens bestehen, das Thema Nachhaltigkeit anzugehen. So lassen sich auf allen Stufen der Pyramide Ansätze und konkrete Lösungen zur Problematik finden. Natürlich hat man noch nicht den Stand erreicht, der angesichts der zunehmenden gesellschaftlichen Forderung nach nachhaltigem Unternehmertum wünschenswert wäre. Betrachtet man allerdings die relativ kurze Zeitspanne seit der Aufnahme solcher Überlegungen in den Unternehmensalltag, hat die Versatel in Kürze große Fortschritte gemacht und darf sich durchaus als fortschrittliches Unternehmen auf diesem Gebiet betrachten.

In den Gesprächen mit den beiden Führungskräften der Versatel AG war deutlich herauszuspüren, dass hier nicht nur profitorientierte Unternehmer, sondern vor allem Menschen am Ruder sind. Menschen, die in ihrer Position als Führungspersonen den Unternehmenserfolg ermöglichen und sichern wollen, gleichzeitig aber glaubhaft an der Gesellschaft und deren Wohlergehen interessiert sind. Jüngs-

5.3 Résumé und Ausblick

te Entwicklungen zeigen, dass die Versatel AG mit ihrer Strategie durchaus langfristig Erfolg haben kann und es ist nachweisbar, dass sich Profitabilität und Förderung des gesellschaftlichen Wohlergehens nicht im Wege stehen.

Ein interessantes Ergebnis der Gespräche mit dem Versatel-Management ist auch, dass es innerhalb des Topmanagements eines Unternehmens teilweise sehr weit auseinandergehende Verständnisse von Nachhaltigkeit gibt. Lohnend ist an dieser Stelle der Bezug zu zwei Thesen von Peter Drucker, dem Vater des modernen Managements, wie sich Nachhaltigkeit in einem Unternehmen begreifen lässt. Er unterscheidet zwischen „Social Responsibility of Wealth" und „Social Responsibility of Business" (Müller et al. 2009). Herr Bandle und Herr Rispeter können in ihren Auffassungen zur Frage der Nachhaltigkeit jeweils einer der beiden Thesen von Drucker zugeordnet werden, was wir abschließend kurz darstellen möchten.

Sowohl zu Zeiten Druckers, als auch im Jahre 2010 scheint der Ansatz der Corporate Responsibility of Wealth der dominantere Ansatz in der westlichen Wirtschaftswelt zu sein. Demnach gilt im Unternehmen Profitabilität als Basis und Grundvoraussetzung für die Übernahme von Verantwortung. Solange das Unternehmen den Break-Even-Punkt nicht überschritten hat, beschäftigt man sich nicht mit dem Gedanken der Nachhaltigkeit. Laut Drucker glauben Anhänger dieser Theorie, sie sollten „gut abschneiden, um dann Gutes zu tun". Rispeter ist in seiner Funktion als CFO der Überzeugung, dass die Unternehmung erst einen Profit generieren muss, bevor sie sich nachhaltig engagieren kann: „Wenn ein Industrieunternehmen eine gesicherte Zukunft hat, fängt das Denken über ihr Themenfeld und vor allem über die Nachhaltigkeit an." Marius Rispeters persönliche Haltung zum Nachhaltigkeitsthema ist somit der „Corporate Responsibility of Weatlh" zuzuordnen.

Die zweite Idee Druckers besagt, dass nicht die Gewinne eines Unternehmens die Bedingung für nachhaltiges Handeln sind, sondern dass die Legitimation schon im Ansatz und nicht erst in der Umsetzung erfolgt. Hier steht nicht die altruistische Schenkung im Vordergrund, sondern es geht um Einstellungen und Grundhaltungen, die das Handeln bestimmen. Der Ansatz einer jeden Überlegung sollte eine Handvoll Kriterien erfüllen, damit sie legitimiert ist – für das Unternehmen und für die Gesellschaft gleichermaßen. Im Vordergrund steht das Kriterium der Menschlichkeit.

Bandle ist der festen Überzeugung, dass ein nachhaltiger Ansatz langfristig keine Einschränkung darstellt. Ihm geht es besonders um „die Art und Weise, wie Probleme angegangen" werden. Die Basis seiner Unternehmensphilosophie sei „ein gesunder Menschenverstand, […] eine soziale Verantwortung eines jeden Managers […] und gewisse christliche Wertvorstellungen". Hier trifft er sich mit den Grundauffassungen von Drucker.

> **Reflexionsfragen**
> - Ist der Auffassung von Herrn Rispeter, die Telekommunikationsbranche sei per se nachhaltig, zuzustimmen? Resultiert daraus eine geringere Verantwortung für einzelne Unternehmen?
> - Worin besteht die gesellschaftliche Wertschöpfung der Versatel? Welche Aspekte werden betont und wo besteht noch Steigerungspotential?
> - Das philanthropische Engagement Versatels ist sehr lokal und wird nicht offensiv kommuniziert. Woran liegt das und glauben Sie, dass das Unternehmen an dieser Stelle mehr machen könnte?
> - Herr Rispeter und Herr Bandle haben ein unterschiedliches Verständnis von sozialer Verantwortung. Erläutern Sie die jeweilige Sichtweise und beziehen Sie Stellung, welche Position Ihnen überzeugender erscheint.
> - Ist Nachhaltigkeit auch für junge Unternehmen und Startups ein Thema oder müssen sich damit erst reifere und größere Unternehmen auseinander setzen?

Literatur

Bandle, A. (2010). *Persönliches Interview*. Geführt von Marc Bentz, Felix Hartz und Daniel Zwicky (19. Okt. 2010).
Flensburg innovativ e.V. (ohne Jahr). *Wer wir sind*. http://www.flensburg-innovativ.de/index.php?id=64. Zugegriffen: 22. Jan. 2014.
Müller, N., Richter, M., & Walch, S. (2009). Druckers Ablehnung einer eigenständigen. *Wirtschaftsethik*. Universität St.Gallen (Unveröffentlichtes Manuskript).
Podwojewski, A. (2010). *Persönliches Interview*. Geführt von Marc Bentz, Felix Hartz und Daniel Zwicky (19. Okt. 2010).
Rispeter, M. (2010). *Persönliches Interview*. Geführt von Marc Bentz, Felix Hartz und Daniel Zwicky. (19. Okt. 2010).
Versatel AG. (2009). *Wir schaffen Vorteile*. Geschäftsbericht (2009).
Versatel AG. (2010). *Versatel AG- das Unternehmen*. http://www.versatel.de/de/versatel-ag/das-unternehmen.html. Zugegriffen: 3. Dez. 2010.

Weiterführende Literatur

Gomez, P., & Meynhardt, T. (2009). Public Value: Gesellschaftliche Wertschöpfung im Fokus der Führung. In St. Seiler (Hrsg.), *Führung neu denken – im Spannungsfeld zwischen Erfolg, Moral und Komplexität* (S. 125–170). Zürich: Orell Füssli Verlag AG.
Meynhardt, T. (2013). Public Value: Organisationen machen Gesellschaft. *Zeitschrift für Organisationsentwicklung*, 4, S. 4-7.
Meynhardt, T., & Gomez, P. (unter Begutachtung). *Do it yourself! Building Blocks for New Pyramids of Corporate Social Responsibilities*.

Sich nicht selber ins Fleisch schneiden – Weidmann

6

Inhaltsverzeichnis

6.1 Das Unternehmen Weidmann/WICOR 71
6.2 Spannungsfelder und Herausforderungen 75
6.3 Résumé und Ausblick 79
Literatur 80

6.1 Das Unternehmen Weidmann/WICOR

1877 wurde das Unternehmen von Heinrich Weidmann in Rapperswil im Kanton St.Gallen gegründet. Es stellte Isolationsmaterialien für die Elektrobranche aus Pressspan und Karton her (WICOR Holding AG, ohne Datum). Nach dem Tod von Heinrich Weidmann 1914 übernahmen die Geschäftsleitung und einige Rapperswiler Geschäftsleute das Unternehmen und gründeten die H. Weidmann Aktiengesellschaft.

Wegen des Ersten Weltkrieges und den damit ausfallenden Auslandsmärkten stand das Unternehmen nahe dem Bankrott. 1923 übernahm ein Finanzkonsortium unter der Führung von Jean Tschudi-Kläsi, Urgroßvater der heutigen CEO Franziska Tschudi, das kränkelnde Unternehmen. Tschudi-Kläsi war Besitzer der Feinpappenfabrik Tschudi&Cie. AG, die Spezialpappe für nichtelektrische Anwendungen herstellte. Jean Tschudis Sohn, Hans Tschudi, wurde 1925 mit der Sanierung und Neupositionierung des Unternehmens betraut. Er verstand das Unternehmen „als erstklassigen Lieferanten von Spezialpappen auf Zellulose-Basis und Komponenten für die Leistungstransformer-Branche (Weidmann Electrical Technology)" (WICOR Holding AG, ohne Datum). Zudem begann er mit der „Herstellung von Formteilen aus Duro- und später Thermoplasten für industrielle Anwendungen

(Weidmann Plastics Technology)". Unter Hans Tschudis Führung entwickelte sich das Unternehmen zu einem der führenden Hersteller von Isolations- und Kunststofftechnik.

1968 übernahm Felix Tschudi-Hubacher das Unternehmen von seinem Vater und integrierte die Tschudi&Cie. AG in das Weidmann-Unternehmen. Er kaufte und integrierte ausländische Unternehmen und schloss Lizenzpartnerschaften ab. 1989 wurde die wachsende Weidmann Gruppe unter einer Holdinggesellschaft neu organisiert, welche 1994 in WICOR (Weidmann International Corporation) Holding AG umbenannt wurde.[1] Außerdem wurden Repräsentationsbüros und Niederlassungen in diversen Ländern (Ukraine, China, USA, Mexiko, Kroatien etc.) gegründet.

Seit 2001 ist der Konzern unter der Führung von Franziska Tschudi (CEO). Durch den Kauf und die Eröffnung neuer Werke wurde er weiter vergrößert. Derzeitiger Verwaltungsratspräsident ist Jakob Schmuckli.

Die WICOR Holding AG hatte 2009 einen Umsatz von 669 Mio. Schweizer Franken. Dabei entfielen 487 Mio. auf den Geschäftsbereich „Weidmann Electrical Technology" und 182 Mio. auf „Weidmann Plastics Technology". Derzeit beschäftigt WICOR ca. 3680 Mitarbeiter, wobei sich die Anzahl aufgrund der Wirtschaftskrise um ca. 320 reduziert hat. Der Konzern hat Produktionswerke in den Ländern Brasilien, China, Deutschland, England, Frankreich, Kanada, Kroatien, Mexiko, Schweiz, Ukraine und USA. Produziert werden Isolationsmaterial/-komponenten und Kunststoffanwendungen für die Automobil-, Sanitär-, Sensor- und Medizinbranche. Zu den Kunden von Weidmann/WICOR zählen unter anderen BMW, Toshiba und Siemens.

Eine Untersuchung des Schweizerischen Instituts für Klein- und Mittelunternehmen an der Universität St.Gallen (KMU-HSG) zeigt, dass rund 88 % aller Unternehmen in der Schweiz Familienunternehmen sind (Fueglistaller und Halter 2005). Weidmann ist eines davon. Es stellt sich die Frage, ob Familienunternehmen nachhaltiger sind als Nicht-Familienunternehmen und welche Vor- und Nachteile diese Betriebe mit sich bringen.

Die Struktur eines Familienunternehmens bringt einige Besonderheiten mit sich. Sie zeichnet sich durch ihre Verschlossenheit aus. Viele Familienunternehmen haben keine oder nur sehr geringe Offenlegungspflichten – so auch Weidmann. Auf der Homepage sucht man vergeblich nach einem Geschäftsbericht – man findet einzig zwei Zahlen: die Anzahl der Mitarbeiter und den Nettoumsatz.

Wenn man an ein klassisches Familienunternehmen denkt, so fällt einem vielleicht auch ein Patron mit autoritärem Führungsstil ein. Von diesem Klischee dis-

---

[1] In der Kommunikation verwendet das Unternehmen den Namen „Weidmann" weiterhin. Deshalb wird in der Fallstudie in der Regel die Bezeichnung „Weidmann" genutzt.

6.1 Das Unternehmen Weidmann/WICOR

tanziert sich Tschudi jedoch klar. Sie sehe sich als moderne Managerin und ihr sei auch klar, dass nicht nur sie diesen Job machen könne (Tschudi 2010).

Viele Familienunternehmen sind erstaunlich gut durch die Wirtschaftskrise gekommen (Moneyhouse 2009). Was machen sie anders als Unternehmen in Händen von anonymen Aktionären? Folgende Faktoren spielen dabei eine Rolle: Familienunternehmen sind langfristig ausgelegt. Ziel ist es, das Unternehmen an die nächste Generation weiter zu geben. Zudem müssen keine Quartalsberichte abgeliefert werden, es gibt kein ständiges Rapportieren und es wird nicht jeden Monat auf die Umsatzzahlen geschielt. Das Unternehmen plant längerfristig und man kann sich auch einmal eine Durststrecke erlauben, indem eine Strategie gewählt wird, die erst mittel- bis langfristigen Erfolg bringt. Viele Familienunternehmen haben einfache Organisationsstrukturen (Baumgartner 2009, S. 25). Somit sind die Entscheidungswege kurz und sie können schneller auf den Markt reagieren. Auch bei Weidmann strebt man das an. Den Mitarbeitern soll das Leben nicht durch unnötige Bürokratie schwer gemacht werden und man versucht, gegenseitiges Vertrauen zu schaffen. Dazu Tschudi: „Diejenigen, die Freiheiten mögen, sind happy hier und die sagen: ‚Wow, endlich jemand, der nicht immer dreinredet oder ein Chef der dauernd rapportieren lässt.'" (Tschudi 2010)

Ein weiterer Pluspunkt für ein Familienunternehmen sind die Führungspersönlichkeiten. Sie fühlen sich mit dem Unternehmen meist sehr stark verbunden und zeigen großes persönliches Engagement. Das wirkt sich auch auf die Motivation der Mitarbeiter und deren Loyalität aus. Meist sind bei Familienunternehmen die persönlichen und menschlichen Verknüpfungen stärker ausgeprägt als bei Publikumsgesellschaften, was wiederum zu weniger Fluktuation führt und somit ein wirtschaftlicher Vorteil ist. Auch die Beziehungen zu Kunden sind meist enger und es bestehen alte Freundschaften (Baumgartner 2009, S. 26). Tschudi betonte im Interview, wie wichtig ihr der persönliche Kontakt zu ihren Mitarbeitern sei. Beispielsweise führe sie oft Gespräche, überwiegend persönliche, mit ihrem Finanzchef. Sie könne seine Arbeit ja nicht hundertprozentig überwachen. Aber indem sie mit ihm Zeit verbringe und über die Familie spreche, spüre sie heraus, ob man ihm vertrauen könne oder nicht.

Zudem ist es Tschudi wichtig, dass ihre Leute, wie sie die Mitarbeiter immer nennt, loyal zum Unternehmen – nicht zum Chef – seien. Denn das merkten auch die Kunden. Tschudi meint, dass es für die Kunden wichtig sei, dass richtige „Weidmann-Leute" für sie arbeiteten. Solche, die sich auch voll mit der Firma identifizieren könnten (Tschudi 2010). Sie betont: „Ich will nicht Erlediger, ich will Leute, die es selbst können. Also wenn ich wegfalle, sollte dieser Laden noch länger laufen können. Er würde nicht gerade zusammenbrechen. Das ist nämlich noch der Nebeneffekt des Ganzen." (Tschudi 2010)

Natürlich bringt eine Familienunternehmung nicht nur Vorteile. Eine der größten Herausforderungen ist die Geldbeschaffung. Meist haben solche Firmen nur eine geringe Kapitalquote und es entstehen schnell Liquiditätsengpässe. Dadurch ist auch das Wachstum begrenzt oder nur langsam realisierbar (Baumgartner 2009, S. 31). Braucht ein Familienunternehmen Geld, so kann dieses nicht einfach an der Börse beschafft werden. Zudem ist die Führungspersönlichkeit nicht immer ein Charismatiker, der die Leute in seinen Bann zieht, sondern beispielsweise einer mit patriarchalischem Führungsstil, der es nicht für notwendig hält, die Zielsetzung, operative Planung oder Strategie festzuhalten (Baumgartner 2009, S. 29). Dadurch werden Mitarbeiter nicht in den Prozess einbezogen, was schwerwiegende Folgen haben kann.

Es besteht auch die Gefahr, dass sich qualifizierte Mitarbeiter gar nicht erst in einem Familienunternehmen bewerben. Es existieren Vorurteile: Familieninteressen stehen im Vordergrund und es wird Vetternwirtschaft betrieben, Entscheidungen werden nicht nach objektiven Kriterien getroffen und Spitzenpositionen werden sowieso nur an Familienmitglieder vergeben (Baumgartner 2009, S. 29). Tschudi meint, dass das bei Weidmann nicht der Fall sei – auch sie musste sich ihre Sporen zuerst bei einer anderen Firma abverdienen. Man könne „…nicht einfach ins Familienunternehmen kommen und dann einfach „Namenkarriere" machen. Man musste also klar schon wo anders jemand gewesen sein, sich die Sporen abverdient haben." (Tschudi 2010)

Unsere Gesprächspartnerin bei Weidmann

> **Franziska Tschudi**
> Tschudi ist CEO und Delegierte des Verwaltungsrates bei der WICOR Gruppe. Vor ihrem Eintritt bei Weidmann/WICOR war sie als Rechtsanwältin bei Lenz & Stähelin sowie als Generalsekretärin der Schweizerischen Industrie-Gesellschaft AG tätig. Nach ihrem Rechtsstudium an der Universität Bern erwarb Tschudi den „Master of Law" an der Georgetown University. Zudem absolvierte sie das Executive MBA-Programm der Universität St.Gallen.

6.2 Spannungsfelder und Herausforderungen

Die Informationen der folgenden Passage beziehen sich auf das Interview mit Franziska Tschudi am 14. Oktober 2010 (Tschudi 2010).

Schäden für die Gesellschaft weder fördern noch dulden

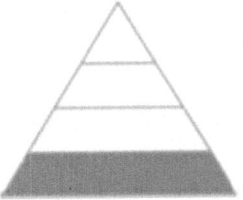

Die Firma Weidmann bemüht sich auf vielen verschiedenen Ebenen, gesellschaftliche Schäden weder zu fördern, noch zu dulden. Tschudi betonte im Interview, dass Weidmann beispielsweise zur Herstellung der Transformatorisolationen auf hoch reine Rohstoffe und in der Kunststofftechnologie ebenfalls auf einwandfreie Rohmaterialien angewiesen sei. Somit würde sich Weidmann bei der Verursachung von Umweltschäden letztlich „selber ins Fleisch schneiden". Da die Rohmaterialien für die Isolatorenherstellung von absolut ungefährdeten Bäumen aus Nordeuropa sowie Gegenden in den USA und Chile stammen würden, entstehe der Umwelt im Bereich der Rohstoffbeschaffung kein Schaden. Tschudi ist sich aber bewusst, dass bei jedem Unternehmen im Extremfall, also beispielsweise bei einem Großbrand, Umweltschäden entstehen können, betont jedoch, dass durch die Produkte selbst keine gesellschaftlichen Schäden entstehen. Zudem bemühe sich Weidmann, seine Produktionsstandorte möglichst nah an den Absatzmärkten zu errichten, um Transportkosten – und damit auch Umweltbelastungen – gering halten zu können.

Gesellschaftliche Wertschöpfung anstreben

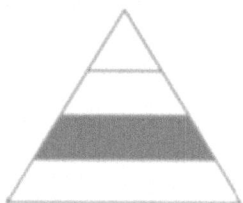

Weidmann versucht auf verschiedenen Ebenen, einen Beitrag zur gesellschaftlichen Wertschöpfung zu leisten. Als eine der wichtigsten Ressourcen des Unternehmens hebt Franziska Tschudi ihre Mitarbeiter hervor: „Wir sind mit den Mitarbeitern, die ja auch eine Ressource sind, sorgfältig umgegangen. Vielleicht, weil wir noch wissen, dass man, wenn man einmal die Reputation verscherzt, keine guten Leute mehr bekommt". Weidmann bezahle überall auf der Welt überdurchschnittliche Löhne und aufgrund der guten regionalen Reputation behauptet Tschudi: „Wir bekommen heute die besten Lehrlinge der Region". Weidmann schafft zahlreiche Lehrstellen und investiert sein Kapital lieber in die Ausbildung als in externes Sponsoring.

Tschudis Vater führte vor über vierzig Jahren als einer der ersten Unternehmer in der Schweiz den Monatslohn für alle Angestellten ein, also auch für die Arbeiter in der Produktion. Damit übernahm Weidmann schon früh eine gesellschaftliche Vorbild- und Vorreiterfunktion, die das Unternehmen auch heute noch wahrnimmt. So gibt es an allen Standorten eigene Pensionskassen und man sichert so die Vorsorge der Mitarbeiter. Als konsequente Folge dieser Haltung gegenüber den Mitarbeitern stellt Tschudi hohe Anforderungen an deren Loyalität: „Ich kann nur darauf schauen, ob ich diese Leute gut ausgewählt habe, ob sie loyal zum Unternehmen sind und sich hier verknüpft fühlen."

Mit seinen Produkten trägt Weidmann in beiden Sparten, also Isolationen und Kunststoffteile, zum gesellschaftlichen Fortschritt bei. So haben beispielsweise Transformatoren mit Isolationen von Weidmann eine Lebensdauer von bis zu vierzig Jahren. Zudem, ergänzt Tschudi, habe man sich als Weltmarktführer im Bereich der Hochspannungsleitungsisolationen derart etabliert, dass viele Konkurrenzunternehmen versuchen, Weidmann zu kopieren.

Langfristige Profitabilität und wirtschaftliche Ressourcen schaffen

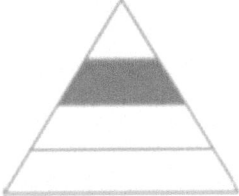

Ein Unternehmen kann sich natürlich nicht nur darauf konzentrieren, Schäden zu verhindern und sinnvoll für die Gesellschaft zu sein. Vielmehr muss eine Firma auch langfristig profitabel sein, um nachhaltig zum Gemeinwohl beitragen zu können. Insbesondere bei einem Familienunternehmen wie Weidmann wird dem Faktor der Langfristigkeit viel Beachtung geschenkt. So meint Tschudi zum Thema Beständigkeit: „Wenn die Mitarbeiter wüssten, dass es dieses Unternehmen in fünf Jahren nicht mehr gibt, dann würden sie sich niemals so anstrengen". Sie betonte, dass viele Mitarbeiter ihr ganzes Leben für Weidmann arbeiten würden und somit in ihrer Laufbahn Produkte mitgeprägt oder gar erfunden hätten.

Für eine derartige Beständigkeit ist profitables Wirtschaften eine Grundvoraussetzung. Deshalb bemüht sich Weidmann um bestmögliche Produkte, die höchsten qualitativen Ansprüchen genügen und dabei wettbewerbsfähig sind: „Man weiß, wenn man etwas von Weidmann kauft, dann ist es den Preis wert". Ein weiterer Hebel für eine Steigerung der Rentabilität sind die Kosten, die beispielsweise durch kurze Transportwege und Standortänderungen gesenkt wurden.

Franziska Tschudi ist sich aber auch bewusst, dass das jahrelang aufgebaute Image und damit auch das Vermögen des Unternehmens innerhalb kurzer Zeit großen Schaden nehmen kann. So bestehe beispielsweise im Bereich der Automatik das Risiko der Produkthaftpflicht. Bei einem minimalen Fehler wären die Folgen fatal. So ist die Auswechslung eines kleinen Teils bei einer Jahresproduktion eines Automobils derart teuer, dass dies bereits den Konkurs für Weidmann bedeuten könne. Selbst durch die höchstmöglichen Versicherungen ließen sich nur etwa zwanzig Prozent eines derartigen Schadens decken. Daher ist die Gewährleistung einer hohen Produktqualität essentiell für das langfristige Überleben.

Anstand in Graubereichen zeigen

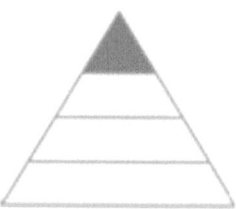

In Bezug auf Regeln und die Einhaltung der Gesetze, vertritt Tschudi eine liberale Ansicht: „so wenig Regeln wie nötig". Trotzdem merkte sie an, dass bei mehr Menschen mehr Regeln nötig werden und diese selbstverständlich auch eingehalten werden müssen. Dazu hat Weidmann interne Leitlinien, die beispielsweise Korruption untersagen.

Franziska Tschudi sieht sich nicht als Weltverbesserin, versucht aber, im kleinen Rahmen und durch ihre Führungsposition eine gewisse Vorbildfunktion wahrzunehmen. So seien ihr Fairness, Gerechtigkeit und Ausgleich zwischen den Mitarbeitern enorm wichtig. Entsprechend hart und konsequent seien die Maßnahmen, die bei Weidmann im Fall von Mobbing oder unfairem Verhalten getroffen werden. Auf der Website des „Schweizer Dialogs" betont Tschudi, dass Teams im Unternehmen möglichst gemischt sein sollten, sowohl in Bezug auf Geschlecht, aber auch auf Kultur und Alter (Schweizer Dialog, ohne Datum). Bei Entlassungen setzt sich Tschudi das Ziel, dass diejenigen, die sich aktiv, loyal und engagiert für das Unternehmen einsetzen, zuletzt entlassen werden. Zudem bemüht sich Weidmann, Personalentscheidungen schnell und offen zu kommunizieren sowie zuerst interne Lösungen zu suchen, um den Mitarbeitern innerhalb des Unternehmens eine neue Arbeit anbieten zu können.

Auf die Frage nach den Graubereichen, die durch die Standorte in Schwellenländern ausgenützt werden könnten, entgegnet Tschudi, dass die Bedingungen für ausländische Firmen sogar oftmals härter sind als in der Schweiz: „Das ist eine Irrmeinung, wenn man denkt, man könne in China machen was man will und denken Sie ja nicht, China sei günstig. Schon lange nicht mehr." So seien Gesetze in anderen Ländern für ausländische Unternehmen oftmals wesentlich härter und die Eigentumsrechte keinesfalls immer gewährleistet.

Im Bereich der Politik versucht Tschudi kompetente und weitsichtige Personen zu fördern, die nicht nur die eigene Karriere im Auge haben. Intern setzt Tschudi auf Vertrauen zu den Mitarbeitern und Kollegen aus dem Kader.

6.3 Résumé und Ausblick

„Ich denke nie über das Wort Nachhaltigkeit nach. Nie. Ich meine, das ist ein Konzept, von dem ich denke, es ist irgendwo aufgekommen – mir ist es eigentlich ziemlich egal." (Tschudi 2010) Dies war die Antwort von Franziska Tschudi zu der Frage, was Nachhaltigkeit für ihr Unternehmen bedeutet. Das Interview mit ihr hat deutlich gemacht, dass die mit der Nachhaltigkeitsidee verbundenen Aktivitäten durchaus auch ohne eine explizite Begrifflichkeit gelebt werden und wohl an vielen Stellen auch schon immer gelebt worden sind.

Die Beispiele aus dem Gespräch mit Tschudi zeigen, wie Weidmann mit dem Thema Nachhaltigkeit umgeht. So verzichtet Weidmann seit jeher auf explizite Nachhaltigkeitsberichte. Die Flüge der Mitarbeiter zwischen den Standorten seien Standard-Flüge und auch Tschudis Privatfahrzeug sei nicht das ökologischste, bestehe aber aus gewissen Teilen, die aus dem eigenen Haus stammen. Anstatt gezielter Imageförderung oder sogar „Greenwashing", stellt sich Weidmann konsequent als faires Unternehmen mit höchsten Qualitätsansprüchen und kompetenten Mitarbeitern dar. Ein derartiges Image kann nur langfristig aufgebaut werden und basiert auf der Suche nach ständigen Verbesserungen. Obwohl Weidmann und die WICOR-Gruppe ein globaler Konzern sind, scheint die regionale Vernetzung und Identifikation am Hauptsitz in Rapperswil beachtlich zu sein.

Die wohl größte Herausforderung für ein nachhaltiges Überleben von Familienunternehmen ist die Nachfolgeregelung. Die Regelung der Nachfolge ist eine sehr emotionale Angelegenheit. Es muss über Tabuthemen wie Tod, Geld und Macht gesprochen werden. Hinzu kommt, dass sich viele erst zu spät oder gar nicht mit dem Thema beschäftigen. Bei ihrem Ableben reißen sie unter Umständen die Firma mit in den Tod. Fehlt plötzlich eine wichtige Führungsperson, kann die ganze Unternehmung ins Stocken geraten. Und es kann einige Zeit dauern und enorme Kosten verursachen, das zu überwinden (Baumgartner 2009, S. 34–36).

Alternativ zur Weitergabe innerhalb der Familie kann die Unternehmung verkauft oder an andere Eigentümer übergeben werden. Tschudi schließt die Möglichkeit, Weidmann an eine andere Familie zu übergeben, nicht aus. Für sie wäre das aber doch eher die Notlösung. Ziel ist es, dass Weidmann fest in den Händen der Familie Tschudi bleibt. Da Tschudi sich fit genug fühlt, um die Firma noch einige Jahre zu führen, werden wir wohl nicht so bald erfahren, wer ihre Nachfolgerin oder ihr Nachfolger sein wird.

> **Reflexionsfragen**
> - Was unternimmt Weidmann/WICOR, um Schäden für die Gesellschaft zu vermeiden?
> - Wie geht Frau Tschudi mit rechtlichen Graubereichen um? Welche Chancen und Risiken bietet ihr Ansatz?
> - Welche Besonderheiten eines Familienunternehmens werden im Fall Weidmann/WICOR in Bezug auf Nachhaltigkeit deutlich?
> - Nachhaltigkeit: Kein Thema! Inwiefern charakterisiert der Titel dieses Buchs Frau Tschudis Haltung zum Thema Nachhaltigkeit?

Literatur

Baumgartner, B. (2009). Familienunternehmen und Zukunftsgestaltung, Schlüsselfaktoren zur erfolgreichen Unternehmensnachfolge (1 Aufl.). Wiesbaden: Gabler.
Fueglistaller, U., & Halter, F. (2005). Familienunternehmen in der Schweiz, Empirische Fakten zur Bedeutung und Kontinuität. www.kmu.unisg.ch/…Schweizer…/2005_02_01_Fueglistaller_Halter_Schweizer_Treuhaender.pdf. Zugegriffen: 18. Dec. 2010.
Moneyhouse. (2009). Familienunternehmen in der Schweiz. http://www.moneyhouse.ch/wirtschaft/top_firmen/familienunternehmen_der_schweiz-623402.htm. Zugegriffen: 19. Dec. 2010.
Schweizer Dialog. (ohne Datum). http://www.schweizerdialog.ch.
Tschudi, F. (2010). Persönliches Interview. Geführt von Nicolas Senn, Manuel Tanasoontrarat und Antonia Wenk (14. Okt. 2010).
WICOR Holding AG. (ohne Datum). http://www.wicor.com.

Weiterführende Literatur

Gomez, P., & Meynhardt, T. (2009). Public Value: Gesellschaftliche Wertschöpfung im Fokus der Führung. In St. Seiler (Hrsg.), Führung neu denken – im Spannungsfeld zwischen Erfolg, Moral und Komplexität (S. 125–170). Zürich: Orell Füssli Verlag AG.
Meynhardt, T. (2013). Public Value: Organisationen machen Gesellschaft. Zeitschrift für Organisationsentwicklung, 4, S. 4–7.
Meynhardt, T., & Gomez, P. (unter Begutachtung). *Do it yourself! Building Blocks for New Pyramids of Corporate Social Responsibilities.*

7 Wir sind keine Weltretter – Burson-Marsteller

Inhaltsverzeichnis

7.1 Das Unternehmen Burson-Marsteller 81
7.2 Spannungsfelder und Herausforderungen 83
7.3 Résumé und Ausblick 92
Literatur 93

7.1 Das Unternehmen Burson-Marsteller

Im Jahre 1953 haben Harold Burson und Bill Marsteller in den USA die Public Relations-Agentur Burson-Marsteller gegründet. Sie zählt heute mit 67 Büros und 74 Tochtergesellschaften in 98 Ländern, zu den großen Public Relations-Agenturen der Welt (Burson-Marsteller 2010a). Das Unternehmen gehört zu Young & Rubican Brands, selber eine Tochtergesellschaft der Wire and Plastic Products (WPP) und eine der weltweit größten Kommunikationsgruppen (Burson-Marsteller 2010b). Burson-Marsteller wies 2009 einen Ertrag von 385 Mio. USD aus (Adage 2010).

Der Co-Gründer Harold Burson ist eine der einflussreichsten Persönlichkeiten in der Geschichte der Public Relations Industrie. Er definiert PR als „applied social science that influences behavior and policy, when communicated effectively, motivates an individual or group to a specific course of action by creating, changing or reinforcing opinions and attitudes." Burson betont: „While we commit ourselves to serve and get paid by our employer or client, we who choose careers in public relations also bear an implied obligation to what we call ‚the public interest.' To what's best for society – which, in the long run, is what's best for our client or employer." (Burson 2011)

In dem Interview wurde insgesamt erkennbar, wofür das Unternehmens stehen möchte: Transparenz, Ehrlichkeit, Vertrauen, Integrität und die Suche nach der bestmöglichen Leistung (Burson-Marsteller 2010c). Die Kernkompetenzen des Unternehmens werden in der Beratungs- und Umsetzungskompetenz, in den wesentlichen Public Relation-Disziplinen und spezifischen Werbebereichen sowie in der Befähigung, sowohl integriert als auch spezialisiert zu denken, gesehen. Dazu gehört natürlich eine nationale und internationale Netzwerkfähigkeit. Diese wurde von Urs Rellstab an einem Beispiel verdeutlicht: Der Chairman von Burson-Marsteller UK wurde eigens eingeflogen, um ein in der Schweiz niedergelassenes, multinationales Unternehmen besser beraten zu können (Rellstab 2010).

Burson-Marsteller ist in vielen Bereichen tätig. Die Kernbereiche sind Brand Building, Energy & Environment sowie Public Affairs (Burson-Marsteller 2010d). Zu den Kunden des Unternehmens gehören global aktive, stark exponierte Unternehmen wie McDonalds und Nestlé und auch in der öffentlichen Kritik stehende Unternehmen aus der Tabak- und Saatgutbranche sowie Regierungen mit zweifelhafter demokratischer Reputation.

Unsere Gesprächspartner bei Burson-Marsteller
Roman Geiser
Roman Geiser ist CEO und Managing Partner der PR-Agenur Farner Consulting. Zum Zeitpunkt des Interviews war er Chief Operating Officer von Burson-Marsteller EMEA. Vorher war er CEO von Burson-Marsteller Schweiz und Kampagnenmanager bei economiesuisse. Geiser ist Absolvent der Universität St.Gallen.

Dr. Urs Rellstab
Zum Zeitpunkt des Interviews war Rellstab CEO von Burson-Marsteller Schweiz. Davor war er in verschiedenen Positionen im PR-Bereich und Journalismus tätig, unter anderem als Kommunikationschef und stellvertre-

tender Direktor von economiesuisse und als Chefredaktor der Appenzeller Zeitung. Rellstab hat an der Universität St.Gallen studiert und promoviert.

7.2 Spannungsfelder und Herausforderungen

Die Informationen der folgenden Passage beziehen sich auf die Interviews mit den Vertretern von Burson-Marsteller vom 1. November 2010 (Geiser 2010; Rellstab 2010).

Schäden für die Gesellschaft weder fördern noch dulden

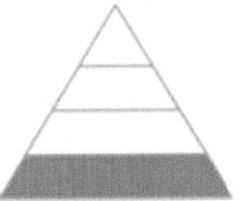

Die Nachhaltigkeitsherausforderungen bei einem Dienstleistungsunternehmen wie Burson-Marsteller sind nicht die gleichen wie einem Unternehmen im produzierenden Gewerbe. Die Möglichkeiten, die ökologische sowie soziale Nachhaltigkeit zu steigern, sind daher begrenzt. Für Burson-Masteller besteht aber die Möglichkeit, auf die zu beratenden Unternehmen Einfluss zu nehmen. Geiser erklärt, dass neben internen Themenbereichen wie Recycling, „carbon footprint"-Neutralität und Diversity Management extern ein großes Potenzial in der marketingtechnischen Beratung der Kunden liege. Burson-Marsteller sei sich als führendes PR-Unternehmen bewusst, dass man nur bei nachhaltigem Agieren langfristig erfolgreich sein könne. Dieses erfordere ein hohes Maß an Glaubwürdigkeit im Markt und Vertrauen in der Öffentlichkeit. Da Burson-Marsteller den eigenen Kunden nicht dabei helfen wolle, sich mit unwahren Statements nachhaltig darzustellen, verlangen sie von den Kunden ein ehrliches, nachhaltiges Engagement im Kern der Unternehmensaktivitäten. Diese Einstellung verdeutlicht, dass sich Burson-Marsteller auch indirekt für nachhaltiges und langfristig orientiertes Wirtschaften einsetzt.

Welche Schäden für Gesellschaft und Umwelt kann ein Dienstleistungsunternehmen wie Burson-Marsteller direkt anrichten? Der erste Gedanke sind hohe Papierstapel. Den Kunden werden als „Produkt" Berichte präsentiert, die oft einige Seiten an Papierbögen in Anspruch nehmen. Laut einer Studie ist der Papierverbrauch in den letzten fünf Jahren um rund 20 % gestiegen (Gfs-Zürich 2006). Ein überdurchschnittlicher Trend zu einem höheren Verbrauch sei dabei auch in der Beratungsindustrie zu sehen. Geiser erwähnt in diesem Zusammenhang die Recyclingtätigkeit seines Unternehmens. Außerdem sei Burson-Marsteller seit 2008 Carbon Footprint neutral. Dies sind nur kleine Einzelmaßnahmen, aber in der Summe wirken sie – so der Interviewpartner – ausgleichend.

Mit einem internationalen Dienstleistungsunternehmen werden außerdem viele geschäftliche Flüge assoziiert. Ein Beispiel wird auch im Interview genannt: Ein UK-Chairman wird eingeflogen, um ein multinationales Unternehmen in der Schweiz zu betreuen. Mit den heutigen technologischen Möglichkeiten sind solche Aktivitäten eines vermeintlich nachhaltigen Unternehmens kaum nachvollziehbar und kritisch zu hinterfragen Sowohl Rellstab als auch Geiser betonen immer wieder, wie wichtig Vertrauen für eine gute, langfristige Kundenbeziehung sei. Rechtfertigt in diesem Fall das Streben nach langfristiger, nachhaltiger Profitabilität die häufigen Geschäftsreisen? Hier wird ein Trade-Off deutlich.

Rellstab weist darauf hin, dass Schäden nicht immer objektiv fassbar seien. So könnten einige Mandate von Burson-Marsteller aufgrund von Interessenkonflikten nur einem Teil der Gesellschaft schaden. Ein vor allem in den USA bekanntes Beispiel sei das Lobbying zugunsten der Tabakindustrie. Dieses Mandat sei aber aufgrund des sich verändernden Zeitgeistes aufgegeben worden. Heute sei vor allem der Einsatz für die Kernenergie umstritten, die Burson-Marsteller durch Lobbying in Berner Hauptstadtkreisen unterstütze.

Das Nachhaltigkeitsthema beeinflusst bekanntlich das Denken und Handeln von Unternehmen. In der medialen Wahrnehmung werden Unternehmen, die dem gesellschaftlichen Verständnis von nachhaltigem Wirtschaften nicht entsprechen,

7.2 Spannungsfelder und Herausforderungen

mit scharfer Kritik und negativer Publicity konfrontiert. Die Kunden reagieren zunehmend intensiver und differenzierter auf die Wege, die Unternehmen zur Erreichung ihrer wirtschaftlichen Ziele einschlagen.

Diese Entwicklungen könnten die Unternehmen dazu verleiten, sich des Nachhaltigkeitsgedankens im Sinne von Greenwashing zu bedienen, um dadurch in der öffentlichen Rezeption besser eingeschätzt und in der Folge auch von den Abnehmern im Markt für das „vorbildliche Verhalten" belohnt zu werden. Die Gefahr liegt nahe, dass sich solche Unternehmen auch einer PR-Agentur bedienen könnten, um die erwünschten Effekte mit professioneller Unterstützung zu erwirken. Inwiefern unterstützt Burson-Marsteller dieses „green/blue washing" bei den Kundenunternehmen? Kann eine Beratungsfirma verhindern, dass diese Praktiken von ihren Kunden verfolgt werden?

Grundsätzlich sieht Geiser die Möglichkeit, dass sich Kunden im „Licht einer medialen Öffentlichkeit positiv darstellen wollen" – dies allenfalls auch durch eine Medienkampagne. Allerdings – so seine Auffassung – besitze eine derartige Strategie kein langfristiges Potential.

Burson-Marsteller handhabt die Problematik mit zwei Maßnahmen. Einerseits messe Geiser der Ehrlichkeit und Transparenz von Kunden gegenüber ihrer Beratungsfirma große Bedeutung bei. Das Kriterium der Berater bei der Auswahl ihrer Kunden sei es, ob diese auch bereit sind, in der Öffentlichkeit mit ehrlichen Aussagen anzutreten. Andererseits betonen beide Vertreter von Burson-Marsteller deutlich, dass sie nicht die Richtigen seien, wenn es darum gehe, einen Kunden im Nachhaltigkeits-Umhang darzustellen. Geiser meint dazu: „Wir sind professionell tief und fest überzeugt, dass nur über relevanten, korrekten Inhalt gute Kommunikation entstehen kann. Das Konzept der ‚Fassadenreinigung' – ganz plakativ gesagt – funktioniert nicht. Und dafür sind wir letzten Endes auch nicht da." Demnach scheitert eine Kommunikationskampagne früher oder später, wenn die kommunizierte Aussage nicht mit dem tatsächlichen Inhalt des Produkts oder der Leistung des Unternehmens übereinstimmt. Firmen, welche sich lediglich damit begnügen, allfällige zweifelhafte Tätigkeiten in der Öffentlichkeit mit gegenläufigen Kampagnen zu überdecken, werden mit großer Wahrscheinlichkeit auffliegen. Die Überprüfung von Firmen durch Nichtregierungsorganisationen und die mediale Beobachtung, unter der Unternehmen stehen, können diese Unstimmigkeiten aufdecken. Eine derartige Enthüllung fordert selbstverständlich ihren Tribut in Form von erheblichen Imageverlusten, die nur in aufwendiger und zeitintensiver Arbeit wieder rückgängig gemacht werden können.

Es ist deutlich zu erkennen, dass sich Burson-Marsteller mit Überzeugung gegen die Verwendung von Nachhaltigkeit als umsatzsteigerndes Hilfsmittel stellt. Allerdings können die Kommunikationsprofis – wie bereits erwähnt – einen Kunden unter Umständen zu einer Anpassung seines unternehmerischen Handelns im Sinne der Nachhaltigkeit überzeugen. Es muss aber auch angefügt werden, dass Burson-Marsteller sich nicht der Illusion hingibt, einzig aus der Überzeugung heraus zu handeln, der Welt Gutes zu tun. Dies sei auch nicht die Idee von ‚Corporate Responsibility', wie Geiser feststellt. Das Unternehmen sollte unter Beachtung aller Einflussgrößen ein „langfristiges Überleben" sicherstellen, wie Rellstab hervorhebt.

So liegt es folglich auch im Interesse von Burson-Marsteller selbst, wenn ihre eigenen Kunden nicht aufgrund falscher Informationen in substantielle Imagekrisen verwickelt werden. Denn eine solche Enthüllung würde nicht nur den betroffenen Konzern in ein schlechtes Licht rücken, sondern auch die beratende PR-Agentur. Es ist leicht verständlich, dass sich die Imageberater einen Skandal bei einem ihrer Kunden nicht erlauben wollen – neben der Gefährdung der eigenen Reputation in der Öffentlichkeit wäre diese Situation wohl auch gegenüber anderen Kunden schwierig zu rechtfertigen.

Gesellschaftliche Wertschöpfung anstreben

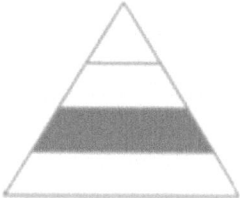

Als Public Relations-Agentur stehe man oft – so die Interviewpartner – an der Schnittstelle von Interessenkonflikten, weshalb Burson-Marsteller die Auswahl der Kunden sehr sorgfältig trifft. Um Graubereiche im Kundenverhalten zu entdecken, brauche es längere Beobachtungszeit. Dann treten konsequente Fehlaussagen klar zutage, sodass absichtliche „Fassadenreinigungen" vermieden werden können.

Die Integrität einer PR-Agentur wirkt sich auch auf die Zufriedenheit der Mitarbeiter aus. Das wiederum hat einen positiven Einfluss auf das Unternehmen und zieht größeren Respekt der Gesellschaft nach sich. Geiser vertritt dazu die Auffassung, dass Burson-Marsteller keine Projekte annehmen könne, bei welchen die Mitarbeiter Mühe bekunden, die involvierten Firmen zu beraten oder diese in der Öffentlichkeit zu vertreten. Von jedem Kunden werde deshalb volle Transparenz verlangt, damit sich die Zusammenarbeit erfolgreich entwickeln könne. Erfah-

7.2 Spannungsfelder und Herausforderungen

rungsgemäß könne sich das PR-Unternehmen leider nicht immer auf die Ehrlichkeit des Kunden verlassen, wie Geiser bestätigt: „Es hat auch Fälle gegeben, in denen wir die Zusammenarbeit aufgrund der falschen Aussagen unserer Kunden auflösen mussten." Dies führt erneut vor Augen, dass es für Burson-Marsteller nicht einfach ist, die Kunden so auszuwählen, dass beide Parteien ohne Schaden nachhaltig erfolgreich wirtschaften können.

Milton Friedman postulierte einst: „The social responsibility of business is to increase its profits." (Friedman 1970) Das Interesse am Gemeinwohl sei demnach systemfremd bzw. ergäbe sich erst auf indirektem Wege. Auch Geiser ist der Meinung, man solle den Anspruch, als Unternehmen die Welt retten zu wollen, nicht zu hoch fassen. Grundsätzlich stelle Burson-Marsteller interessante Arbeitsplätze mit einem sicheren Lohn zur Verfügung und leiste damit einen wichtigen gesellschaftlichen Beitrag.

Als Public Relations-Unternehmen berät Burson-Marsteller viele Organisationen im Bereich des Reputationsmanagements. Mit der Globalisierung sind die Menschen nicht nur mobiler geworden, sondern auch besser informiert. Medien decken überall auf der Welt Skandale von multinationalen Unternehmen auf. Beispiele, wie die von H&M, Adidas und Nike, die in chinesischen Fabriken Kinder und Erwachsene zu Hungerlöhnen beschäftigen, sind allgemein bekannt. Solche Enthüllungen führen zu unglaublich hohen Reputationsschäden und ziehen Boykotte nach sich. Die Arbeit in diesem Bereich erlaubt Burson-Marsteller, die Kunden positiv zu beeinflussen. Dies ist nicht unbedingt mit dem Argument der Nächstenliebe, sondern vielmehr mit quantitativen Indikatoren und harten Daten zu belegen. Laut dem Corporate Sustainability Barometer, das im Jahr 2010 von PricewaterhouseCoopers (Schaltegger et al. 2010) veröffentlicht wurde, ist Reputation ein Treiber, der durch geeignete Nachhaltigkeitsmaßnahmen so zu beeinflussen ist, dass der Geschäftserfolg gesteigert werden kann. Diesen Treiber anzusprechen, kann das Anwerben und Halten qualifizierter Beschäftigter erleichtern, die Produktivität steigern und die gesellschaftliche Anerkennung verbessern. Geiser meint dazu: „We're dealing with the public court", was ebenfalls die Wichtigkeit des Miteinbezugs aller Stakeholder betont und Burson-Marsteller veranlasst, den Kunden die Bedürfnisse der verschiedenen Anspruchsgruppen aufzuzeigen und diese anzuregen, ihr Handeln dementsprechend zu verändern.

Für Rellstab stehe dabei der Mehrwert des Kunden im Mittelpunkt, wobei dies im Idealfall positive Auswirkungen auf die Gesellschaft hat. So kann die Beratung verschiedener Unternehmen dazu führen, dass keine oder weniger Stellen abgebaut werden müssen oder gar neue Stellen geschaffen werden können. Bei einem Unternehmen, das sich auch im Bereich der Public Affairs stark macht, ist es außerdem interessant, inwieweit es dadurch das politische System beeinflussen kann, und ob diese Aktivität Wert für die Gesellschaft (Public Value) schafft. Burson-Marsteller könne gemäß Rellstab in diesem Bereich zur diskursiven Grundlage im demokratischen Prozess beitragen. Hierbei sei allerdings zu berücksichtigen, dass es vor allem in politischen Themengebieten keine objektiv richtigen Anliegen gebe. Deshalb könne dabei unter Umständen auch Schaden für Einzelne angerichtet werden. So werde am Instrument des Lobbying oft kritisiert, dass die breite Bevölkerung nicht die finanzielle Möglichkeit habe, sich eine solche Stimme zu geben. Rellstab sieht in diesem Bereich vor allem ein finanzielles Ungleichgewicht, wobei Gruppen mit weniger finanziellen Mitteln andere Möglichkeiten hätten. Ein gutes Mittel böten beispielsweise emotionale Berichterstattungen in den Medien. Rellstab betont: „Mit Geld allein kann man weder bei Kampagnen noch beim Lobbying alles erreichen."

Gesellschaftliche Wertschöpfung hängt bei einem Dienstleistungsunternehmen wie Burson-Marsteller vor allem von der Kundenbeziehung ab. Es stellt sich die Frage, inwiefern ein Kunde bezüglich Nachhaltigkeit überhaupt beeinflusst werden kann. Burson-Marsteller setzt sich zum Ziel, den Kunden klar zu machen, dass ehrliches und konsistentes Verhalten im Einklang mit der Kommunikation und der öffentlichen Präsentation essentiell ist, um langfristigen Erfolg sicherzustellen.

So sieht Rellstab keine Notwendigkeit, den Kunden aktiv zu beeinflussen. Vielmehr solle ihm klargemacht werden, welche Konsequenzen unehrliche Kommunikation haben kann: „Ich glaube, dass es wichtig ist, unsere Kunden auch auf die Gefahren im kommunikativen Bereich aufmerksam zu machen – beispielsweise auf die Gefahr, dass bei unehrlichem Verhalten möglicherweise auch Wert zerstört wird. Gerade an der Börse können Informationen, die versteckt oder vorenthalten wurden, massiv auf die Unternehmen zurückkommen." Geiser bekräftigt diese Ansicht mit der Aussage, dass dem Kunden dargelegt werden müsse, dass „es langfristig darum geht, wie ein Unternehmen als Gesamtes besser positioniert werden kann – und das hat immer mit Inhalt und mit Handeln im Zentrum des Unternehmens zu tun".

Zusammenfassend können wir feststellen, dass die Mitarbeiter von Burson-Marsteller nicht als „Missionare" ihre Kunden von den Vorzügen einer Rettungsmedizin Nachhaltigkeit überzeugen wollen. Der Beratungsfirma geht es vielmehr darum, die Kunden von der immanenten Relevanz eines kohärenten Auftritts in der öffentlichen Wahrnehmung zu überzeugen. Gleichwohl können die PR-Spezialisten neben dem eigentlichen Kern ihrer Beratung die Klienten auch mit Empfehlungen zu nachhaltigen unternehmerischen Entscheidungen unterstützen.

Langfristige Profitabilität und wirtschaftliche Ressourcen schaffen

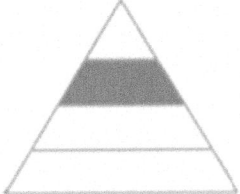

Für Herrn Rellstab ist die Bedeutung nachhaltigen Handelns in Folge der Finanzkrise in den Vordergrund gerückt: „Es geht jetzt nicht mehr nur um die Umweltperspektive, sondern um das nachhaltige Unternehmertum." Die Kurzfristigkeit von Strategien sei eine wesentliche Ursache der Krise gewesen. Das langfristige Denken sollte deshalb in den nächsten zehn Jahren massiv an Bedeutung gewinnen. Ob sich diese sehr optimistische Ansicht durchsetzen wird, muss die Zukunft zeigen. Mit Blick auf die verschiedenen Handlungsabläufe meint Geiser, dass „die Gesellschaft etwas gelernt hat, aber die verursachenden Handlungsträger nicht." Es könne nicht von einem Tag auf den anderen auf nachhaltiges Unternehmertum „gewechselt" werden. Diese Überlegungen müssten im Denken und Handeln des Unternehmens implementiert sein, was nur Schritt für Schritt möglich ist, insbesondere wenn man an der Schnittstelle von Konflikten stehe.

Für Herrn Rellstab ist klar: „Nachhaltigkeit für ein Unternehmen ist die Überlebensfähigkeit, d.h. die Fähigkeit, über Generationen Werte für die Gesellschaft zu schaffen". In der heutigen Welt, wo vor allem auf Quartalszahlen geachtet werde und Manager meistens nur ein paar Jahre an der Führung eines Unternehmens beteiligt sind, müsse man sich fragen, inwiefern es möglich ist, ein Unternehmen über Generationen hinweg erfolgreich zu bewirtschaften. Dies sei eine ständig neu zu lösende Aufgabe, wobei aber ganz allgemein gelte, dass Bewusstseinsveränderungen in der Gesellschaft die Entscheidungen der Unternehmensleitung beeinflussen. Jedes Unternehmen müsse seine Strukturen der jeweilig neuen Lage anpassen und eigene Handlungsmöglichkeiten erschließen.

Sowohl für Geiser als auch für Rellstab steht die langfristige wirtschaftliche Profitabilität ihres Unternehmens im Vordergrund. Gesellschaftlich ist auch nur eine solche Performance verantwortbar.

Burson-Marsteller stelle langfristige Profitabilität durch die Pflege von langfristigen Kundenbeziehungen sicher. Viele konkurrierende PR-Agenturen (z. B. in Spanien und Dubai) seien durch die Wirtschaftskrise und das schlechte Wirtschaftsumfeld in finanzielle Probleme geraten. Burson-Marsteller sei aber aufgrund guter Kundenbeziehungen gut durch die Krise gekommen. Geiser erklärte, dass für Burson-Marsteller die Diskussion um regulative Ansätze in Folge der Krise wiederum für mehr Arbeit sorgen könne.

Mit der Wirtschaftskrise wurde vor allem der Diskurs über Managerlöhne verstärkt. Gemäß travail suisse ist der durchschnittliche Lohn eines Konzernleitungsmitglieds im Krisenjahr, trotz sinkender Umsätze/Gewinne und Stellenabbau, um 20 % gestiegen. Die Lohnschere zwischen dem tiefsten Lohn im Unternehmen und dem Durchschnittslohn der Geschäftsleitungsmitglieder hat sich seit 2002 in der Schweiz um 70 % geöffnet (travail.suisse 2010). Aufgrund solcher Zahlen hat die Jungsozialistische Partei in der Schweiz die 1:12-Initiative lanciert. Sie möchte erreichen, dass das Verhältnis vom tiefsten und höchsten Lohn in einem Unternehmen 1 zu 12 nicht überschreiten darf. Geiser stellte in diesem Zusammenhang klar, dass Burson-Marsteller bei Annahme dieser Initiative keine großen Umstellungen durchzuführen hat. Er begründete dies mit der durchlässigen Organisationsstruktur seines Unternehmens. Anzufügen ist hierbei, dass Burson-Marsteller vor allem gut ausgebildetes Personal einstellt. Das hier auftretende Lohnverhältnis kann kaum mit dem eines Produktionsunternehmens mit Mitarbeitern auf geringer qualifizierten Stellen in der Produktion, teilweise auch in Entwicklungsländern, verglichen werden. Grundsätzlich vertritt Geiser die Meinung, die Höhe des Managerlohns dürfe eine gewisse Anstandsschwelle nicht überschreiten. Konkret seien Entlohnungen im einstelligen Millionenbereich in Ordnung, solange ein solch hohes Salär begründet werden kann.

Hohe Lohnsätze werden meist mit der Notwendigkeit zur Anreizsetzung erklärt, um gut ausgebildetes Personal rekrutieren und halten zu können. Für Burson-Marsteller gelte diese Gesetzmäßigkeit auch, wie Rellstab erklärte. Geiser wies schon am Anfang des Gesprächs darauf hin, dass die Aufgaben der Mitarbeiter bei Burson-Marsteller abwechslungsreich seien und die Unternehmenskultur sich an den Bedürfnissen der Mitarbeiter ausrichte. Auch diese Faktoren spielen bei der Jobauswahl ganz offenkundig eine wichtige Rolle.

Anstand in Graubereichen zeigen

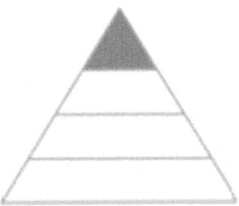

„Was ist in Ihren Augen Anstand?" Diese Frage haben wir Geiser und Rellstab gestellt. Der Ansatz der Gemeinwohlpyramide nennt hier zwei zentrale Begriffe: Legitimität und Gerechtigkeit. Demnach ist eine Verhaltensweise anständig, wenn sie als legitim gilt und nicht dem Gerechtigkeitsempfinden zuwiderläuft. Für Geiser ist die Haltung der Mitarbeiter gegenüber der Unternehmenstätigkeit eine gute Leitlinie. Grundlage bilde immer eine anständige Erziehung. Auch Bodenständigkeit, eine Auseinandersetzung mit verschiedenen gesellschaftlichen Realitäten und die Unterscheidung von Recht und Unrecht hält er für essentielle Bestandteile des Anstands. Für Rellstab sind Werte wie Ehrlichkeit, Offenheit, Transparenz und Anstand zentral in einem Dienstleistungsunternehmen. Er betont besonders, dass Kritik in einem Unternehmen nicht ausgeschlossen werden dürfe. Es ginge einfach um den Tonfall, den man dem Mitarbeiter bzw. Kunden in den verschiedensten Situationen gegenüber anschlägt. Dabei macht er darauf aufmerksam, dass die Umgangsformen kulturell bedingt seien. Die Tätigkeit in einem multinationalen Unternehmen erschwere den Umgang und erfordere für die Kulturunterschiede ein höheres Maß an Sensibilität in Graubereichen.

Burson-Marsteller habe – so Geiser – in diesem Bereich eine starke innere Kultur, vermittelt durch den Firmengründer Harold Burson. Auf dieser Grundlage habe man ein gemeinsames professionelles Verständnis, wie Außenwelten wirken, auch im Bezug zur Reputation.

Dazu listet das Unternehmen eine Reihe von Regeln auf, an die alle Mitarbeiter sich halten müssen:

- Gesetze
- Abmachungen der PR-Branche, denen Burson-Marsteller beitritt (darunter die *Stockholm Charter* der International Communications Consultancy und der *Code of Ethics* des Councils of Public Relations Firms)
- Verhaltenskodex der Muttergesellschaft WPP
- Individuelle ethische Verhaltensregeln, die oftmals strenger sind als die geltenden Gesetze und Abmachungen der Branche (Burson-Marsteller 2013).

Im Unternehmen herrsche darüber hinaus die tiefe Überzeugung, dass nur über einen relevanten und korrekten Inhalt gute Kommunikation entstehen kann. Dies werde auch auf die Kunden angewendet, denn Transparenz und Ehrlichkeit spielen in dieser Branche eine große Rolle. In der Beratung versuche Burson-Marsteller, den Kunden aufzuzeigen, wie die Unternehmensreputation und -position nachhaltig verbessert werden können. Geiser betont, dass sich Burson-Marsteller nicht zur „Fassadenreinigung" instrumentalisieren lasse. Um ein Unternehmen besser zu positionieren, muss man einerseits das Handeln, andererseits den Inhalt verändern. Sonst wäre eine solche Beratung nicht nachhaltig und müsste unter Umständen abgebrochen werden. Auch diese Überlegung trägt zu anständigem Handeln in Graubereichen bei.

7.3 Résumé und Ausblick

Nachhaltigkeit ist gleich Fortbestand! Diese Grunddefinition lässt sich sowohl auf ein Dienstleistungs- als auch auf ein Produktionsunternehmen anwenden. Dies zeigt auch die Analyse für Burson-Marsteller anhand der Gemeinwohlpyramide.

In der unternehmensinternen Perspektive beschränkt die Natur des Dienstleistungs-Angebots der PR-Unternehmung die Auswahl an Maßnahmen zur nachhaltigen Ausrichtung des Unternehmens. Da keine Güter produziert werden, besitzt die Firma im ökologischen Bereich wenig Spielraum zur Optimierung. Die möglichen Handlungsfelder beschränken sich auf ökologisches Arbeiten im Büroalltag (Räumlichkeiten, Recycling, Papierverbrauch) und eine Reduktion oder Kompensation (z.B. über myclimate) von Flügen der Mitarbeiter. Erwähnt sei auch, dass das Angebot des Unternehmens hochqualifizierte Mitarbeiter benötigt. Dies sind Gründe, weshalb im sozialen Verständnis von Nachhaltigkeit weniger Handlungsbedarf besteht als bei produzierenden Unternehmen.

Die externe Wirksamkeit der beratenden Firma bietet ein großes Potential zur Förderung von nachhaltigem Unternehmertum. Durch ihre unternehmerischen Leistungen bewegt sich Burson-Marsteller zwischen verschiedenen Stakeholdern in der Öffentlichkeit und hat Einfluss auf die Entscheidungen vieler Firmen. Wenn man sich fragt, welche Schäden Burson-Marsteller durch falsche Beratungskonzepte anrichten kann, geht es einerseits um ökologischen Schaden (z. B. durch nicht unbedingt notwendige Flüge zu den Kunden). Durch Umdenken und Berücksichtigung sinnvoller Technologien könnten solche direkten Umweltschädigungen vermieden werden. Andererseits würde sozialer Schaden angerichtet, falls Kundenunternehmen durch Fehler von Burson-Marsteller in Konkurs gehen würde. Was die Wertschöpfung betrifft, sind Reputationsschäden durch die mediale Öffentlichkeit ein potentielles Risiko. Die Profitabilität kann durch die sich verändernde Wertorientierung beeinträchtigt werden. Denn nicht alles was heute gut ist, muss es auch morgen sein.

Es geht darum, zwischen dem Perfekten und dem Sinnvollen zu unterscheiden. In diesem Zusammenhang ist auch der Anstand als moralisches Ideal von Bedeutung, der durch Transparenz und eine klare Führungslinie gefördert werden kann.

Die ökonomische Nachhaltigkeit wird für ein Unternehmen auch in Zukunft hohe Priorität haben. Dass die Gier nach „immer mehr, immer grösser" für die Gesellschaft nicht in einen katastrophalen Eigennutz und kompromisslosen Egoismus ausartet, verlangt im Wirtschaftssektor vielerorts ein entscheidendes Umdenken und eine innovative Geschäftsführung.

Reflexionsfragen

- Worin liegt die gesellschaftliche Wertschöpfung einer PR-Agentur? Welchen Fokus legt Burson-Marsteller?
- Welche Möglichkeiten haben Dienstleistungsunternehmen, nachhaltig zu sein? Wie unterscheiden sich diese von einem Unternehmen im produzierenden Gewerbe?
- Bei Burson-Marsteller wird großer Wert auf „Evidence-Based Communications" gelegt. Inwiefern trägt dies zu einer nachhaltigen Geschäftstätigkeit bei?
- Stellen Sie sich vor, Sie seien der Verantwortliche bei Burson-Marsteller und hätten über die Annahme des Auftrags von einem Hersteller von Panzern und anderen Rüstungsgütern zu entscheiden. Wie würden Sie handeln und warum?

Literatur

Adage. (2010). Top 15 consolidated agency networks. *AdvertisingAge – Agency Report 2010.* (April 2010) . http://adage.com/images/ random/datacenter/2010/agencynetworks2010.pdf. Zugegriffen: 3. Dez. 2010.

Burson, H. (2011). *Public Relations Defined.* http://www.burson-marsteller.com/Innovation_and_insights/blogs_and_podcasts/harold_burson_blog/Lists/Posts/Post.aspx?ID=70. Zugegriffen: 10. Jan. 2013.

Burson-Marsteller. (2010a). *Über Uns – Geschichte.* http://burson-marsteller.ch/ueber-uns/geschichte/. Zugegriffen: 1. Dez. 2010.

Burson-Marsteller. (2010b). *About Us – Family of Companies.* http://burson-marsteller.com/About_Us/Foc/Pages/default.aspx. Zugegriffen: 1. Dez. 2010.

Burson-Marsteller. (2010c). *Über Uns – Unternehmensziel und Werte.* http://burson-marsteller.ch/ueber-uns/unternehmensziel-und-werte/. Zugegriffen: 1. Dez. 2010.

Burson-Marsteller. (2010d). *Kompetenzen & Expertise.* http://burson-marsteller.ch/kompetenzen-expertise/. Zugegriffen: 1. Dez. 2010.

Burson-Marsteller. (2013). *Über Uns – Unternehmensziel und Werte.* http://burson-marsteller.ch/ueber-uns/unternehmensziel-und-werte/. Zugegriffen: 29. Jan. 2013.

Friedman, M. (1970). The social responsibility of business is to increase its profits. *The New York Times Magazine* (13. Sept. 1970).

Geiser, R. (2010). *Persönliches Interview.* Geführt von Thomas Bossart, Chiara Ferroni und Samuel Nigg (1. Nov. 2010).

Gfs-Zürich. (2006). *Steigender Papierverbrauch trotz Digitalisierung.* http://www.nachrichten.ch/detail/238415.htm. Zugegriffen: 5. Dez. 2010.

Rellstab, U. (2010). *Persönliches Interview.* Geführt von Thomas Bossart, Chiara Ferroni und Samuel Nigg (1. Nov. 2010).

Schaltegger, S., Windolph, S., & Harms, D. (2010). *Corporate sustainability barometer.* http://www2.leuphana.de/csm/CorporateSustain abilityBarometer.pdf. Zugegriffen: 5. Dez. 2010.

travail.suisse. (2010). *Managerlöhne: Es hat kein Umdenken stattgefunden.* http://www.travailsuisse.ch/de/node/2474. Zugegriffen: 5. Dez. 2010.

Weiterführende Literatur

Gomez, P., & Meynhardt, T. (2009). Public Value: Gesellschaftliche Wertschöpfung im Fokus der Führung. In St. Seiler (Hrsg.), *Führung neu denken – im Spannungsfeld zwischen Erfolg, Moral und Komplexität* (S. 125–170). Zürich: Orell Füssli Verlag AG.

Meynhardt, T. (2013). Public Value: Organisationen machen Gesellschaft. *Zeitschrift für Organisationsentwicklung, 4,* S. 4–7.

Meynhardt, T., & Gomez, P. (unter Begutachtung). *Do it yourself! Building Blocks for New Pyramids of Corporate Social Responsibilities.*

Ausblick: Das Lernen neu erfinden – Business Schools und Nachhaltigkeit

8

Inhaltsverzeichnis

Literatur 106

Die sechs vorgestellten Fallstudien zeigen Erfahrungen und Überzeugungen von aktiven Managern auf. Diese sind in ihrer Karriere weit vorangeschritten. Woran soll sich die heutige Studierendengeneration in ihrer Ausbildung orientieren? Welche Rolle könnten künftig die "Business Schools" dabei spielen? Das nachfolgende Interview von Timo Meynhardt mit Thomas Dyllick nimmt diese Fragestellungen auf und gibt damit einen Ausblick auf die Zukunft des Lernens.

Meynhardt: In dem Buch „Nachhaltigkeit – Kein Thema!" kommen erfahrene Manager zu Wort, die sich dem Thema Nachhaltigkeit im Alltag stellen. Es scheint, dass das Thema wirklich die Ebene der Geschäftsführung erreicht. Was sind Ihrer Erfahrung nach die Motive der Akteure, sich heute mehr denn je den damit verbundenen Herausforderungen zu stellen?

Dyllick: Ich denke, man kann davon ausgehen, dass da ein gewisser Mainstreamingprozess stattgefunden hat und immer noch stattfindet. Das, was die Firmen zu Beginn gemacht haben und nicht mehr als Nischenaktivitäten waren, werden zunehmend breiter verankerte Aktivitäten, die auch von den Geschäftsleitungen und Boards mit getragen und mit gestaltet werden. Dabei ist auch festzustellen, dass sich der Fokus der Fragestellungen von operativen Fragen stärker auf strategische Fragen verlagert und von Risiko-/Kostenfragen stärker auf Markt- und Innovationsfragen. Es ist in einem Ausmaß zu einem managementrelevanten Thema geworden, wie wir es früher nicht kannten. Die Phase eines rein defensiven Umgangs mit Schwerpunkt „Risikoabsicherung" haben die fortgeschrittenen

Unternehmen hinter sich gelassen. Das ist immer noch eine Dimension, aber nicht mehr die einzige und auch nicht mehr die wichtigste Dimension. Das ist insgesamt doch eine sehr erfreuliche Entwicklung.

Meynhardt: Würden Sie auch sagen, dass die Motive stark strategisch begründet sind? Es muss auch einen Nutzen stiften für das Kerngeschäft? Ist da auch ein bisschen Angst dabei, etwas zu verpassen, wenn man es nicht macht?

Dyllick: Wirtschaftliche Motive und Argumente kann man bei dieser Diskussion nicht vergessen. Das können sich insbesondere börsennotierte Unternehmen auch schlicht nicht leisten, dass sie nicht auch ökonomische Motive betonen und im Hinterkopf haben. Das Erfreuliche und Interessante daran ist, dass heute die Schnittmengen stärker erkannt und gesehen werden; dass etwas, was der Gesellschaft guttut, letztlich auch den großen Unternehmen guttut. Es mag banal klingen, aber Unternehmen erkennen zunehmend, dass es nicht geht, dass es der Gesellschaft schlecht geht und ihnen gut. Das lässt sich einfach nicht durchhalten.

Meynhardt: Dem Teilsystem kann es nicht gutgehen, wenn es dem Gesamtsystem schlecht geht.

Dyllick: Genau.

Meynhardt: Lässt sich auch ein Unterschied in den Generationen feststellen? Dass etwa die Jüngeren das eher aufnehmen?

Zur Person: Prof. Dr. Thomas Dyllick

Thomas Dyllick ist Professor für Nachhaltigkeitsmanagement an der Universität St.Gallen und Delegierter des Rektorats für Verantwortung und Nachhaltigkeit. Er war federführend an der Entwicklung der 50 + 20-Vision einer „Managementausbildung für die Welt" beteiligt.

Dyllick: Ich weiß nicht, wie stark die veränderten Werthaltungen der Jungen wirklich durchgängig tragen. Mir scheinen hier immer noch der situative Kontext, die institutionellen Rahmenbedingungen, sehr prägend zu sein: Ob man sich in einem Unternehmen und in einem Klima bewegt, in dem Freiräume bestehen. Und da kann man natürlich schon feststellen, dass tendenziell eher junge Manager und dann wieder alte Manager viel mehr Spielräume sehen und diese Freiräume auch mehr nutzen als dies in der Mitte des Lebens und der Karriere der Fall ist. Hier lässt man sich sehr viel stärker durch die institutionellen Zwänge beeinflussen.

Meynhardt: Hat sich da auch das Verständnis geändert, was unter Nachhaltigkeit verstanden wird?

Dyllick: Ich denke schon. Wir haben für ein besseres Verständnis des Nachhaltigkeitskonzepts jüngst eine dreistufige Typologie entwickelt, welche die Veränderungen, die wir sehen, sehr schön veranschaulicht (Dyllick und Muff 2013). Was wir in einer ersten Phase des sich entwickelnden Nachhaltigkeitsverständnisses sehen, das ist nichts anderes als ein verfeinertes Shareholder Value-Management. Es beginnt damit, dass man erkennt, es lassen sich Kosten sparen und Risiken reduzieren, es lassen sich die Reputation auf dem Arbeitsmarkt und die Differenzierung im Markt steigern, wenn man Nachhaltigkeitsanliegen nicht länger von sich weist, sondern sie aktiv angeht und dies auch bekannt macht. Ich denke, so steigen typischerweise Unternehmen in das Thema ein, indem sie merken: Das Thema bietet ja durchaus interessante ökonomische Perspektiven. Und so wird dann Nachhaltigkeitsmanagement betrieben, um wirtschaftliche Vorteile zu erzielen. Das spiegelt sich übrigens auch in all den vielen betriebswirtschaftlichen Studien, die der Frage nachgehen, ob es sich wirtschaftlich lohnt, „grün" oder „nachhaltig" zu sein. Und die Ergebnisse belegen ja auch in einem überraschend hohen Ausmaß, dass dies der Fall ist.

In einer zweiten Phase stellt man dann fest, dass das Nachhaltigkeitsthema zunehmend institutionalisiert wird im Unternehmen. Man fängt an, mit speziellen Nachhaltigkeitsmanagementsystemen und mit Zertifizierungen zu operieren. Das ist die Phase, in der eine institutionelle Infrastruktur im Unternehmen aufgebaut wird, in der Verantwortlichkeiten und Nachhaltigkeitsziele definiert und verfolgt werden, dann aber auch über alles berichtet wird. Es wird zu einer rationalen Managementaufgabe, die jetzt gezielt, planmäßig und überwacht verfolgt wird. Dabei definiert man explizit, und das ist der Unterschied zur ersten Phase, eben nicht nur ökonomische Ziele, sondern auch soziale und ökologische Ziele, über deren Erreichung ebenfalls berichtet wird. Man strebt als Zielsetzung eine dreidimensionale Wertschöpfung an, die berühmte „triple bottom line", bestehend aus sozialen, ökologischen und ökonomischen Zielen („people, planet and profits").

Was auch in dieser zweiten Phase immer noch der Fall ist: Es wird sehr stark von innen nach außen gedacht. Man baut seine Nachhaltigkeitsziele und -strategien um die bestehenden Prozesse, Produkte und Geschäftsmodelle herum auf. Man versucht hier etwas zu verbessern, hier etwas zu reduzieren und entwickelt auch dort mal etwas Neues. Die Prozesse werden verbessert, die Produkte optimiert oder weiter entwickelt und die Geschäftsmodelle verfeinert. Entscheidend ist hierbei, dass alles ausgehend von und bezüglich der bestehenden Situation verbessert wird. Eine dritte Phase der Entwicklung ist aber erst erreicht, wenn man den Sprung vom „Inside-Out-Denken" zum „Outside-In-Denken" macht. Wenn man anfängt von der Gesellschaft und ihren Problemen her zu denken und sich fragt: „Was können wir mit unseren Ressourcen, mit unserem Know How, mit unseren Möglichkeiten, mit allem, was wir haben, an sinnvollen Beiträgen leisten und dadurch zur Lösung von gesellschaftlichen Herausforderungen beitragen?" Das entspricht dem, was Social Entrepreneurs, also soziale Unternehmen per definitionem und von der Gründung weg tun, indem sie ihre sozialen Unternehmensziele zum eigentlichen Unternehmenszweck erheben, die sie aber unter der Nebenbedingung einer Selbstfinanzierung verfolgen. Eine solche Perspektive mag für börsennotierte Unternehmen eine hohe Herausforderung darstellen, da dies ein mutiges Management sowie weitsichtige und geduldige Investoren braucht. Es ist aber keineswegs ausgeschlossen, wie dies z.B. Paul Polman und Unilever zeigen, die mit ihrem Sustainable Living Plan ganz bewusst eine Nachhaltigkeitsvision verfolgen und sich gleichzeitig mutig von der Quartalsberichterstattung und Hedgefonds verabschiedet haben. Das ist eine sehr spannende Perspektive. Denn erst dann, wenn die Nachhaltigkeitsziele und -strategien der Unternehmen an die Nachhaltigkeitsherausforderungen der Gesellschaft angekoppelt werden, dürfen wir hoffen, dass Unternehmen effektiv zur Bewältigung der Nachhaltigkeitsprobleme beitragen. Solange dies nicht der Fall ist, werden wir auch weiterhin mit der absurden Situation konfrontiert werden, dass immer mehr Unternehmen von sich behaupten, sie seien nun nachhaltig, während wir gesellschaftlich und global vor kaum noch zu lösenden Herausforderungen stehen. Und dabei scheint mir auch die Angst verfehlt, dass eine solche Perspektive wirtschaftlich zu riskant für kommerzielle Unternehmen sei, da sich für die Lösung echter gesellschaftlicher Bedürfnisse immer auch ein Markt finden oder schaffen lässt, wie dies auch schon Peter Drucker treffend zum Ausdruck gebracht hat: "Every single social and global issue of our day is a business opportunity in disguise."

8 Ausblick: Das Lernen neu erfinden

Meynhardt: Da kommt man dann relativ schnell zum Gemeinwohlbegriff: Eine sehr umstrittene Vokabel; ein Begriff, der durch die Geschichte ja auch immer wieder schillernde Bedeutung bekommen hat. In dem Buch nutzen die sechs Fallstudien auch das Tool der Gemeinwohlpyramide. Sie selbst stellen in dem neuen Buch „Management Education for the World" ebenfalls das Gemeinwohl ins Zentrum. Wie begründen Sie und Ihre Co-Autoren letztlich diesen Fokus auf das Gemeinwohl?

Dyllick: Dahinter stehen sowohl eine strategische wie auch eine normative Überzeugungen, die sich in dem Buch niedergeschlagen haben. Zunächst zur strategischen Perspektive. Wenn man nicht so sehr von der Vergangenheit her, sondern von der Zukunft her denkt und sich fragt, „Wie sieht eigentlich die Welt in 30 Jahren aus und was für eine Rolle spielen darin Unternehmen?" dann landen wir in einer Welt mit neun Milliarden Menschen, wo der Energieverbrauch erneut um 40 % zugenommen haben wird, wo wir mit großen Wasserproblemen zu kämpfen haben werden und mit sehr großen Engpässen bei der Lebensmittelversorgung. Wir wissen, dass zwei Milliarden zusätzliche Menschen in die globale Mittelschicht aufgerückt sind, die auch entsprechend höhere Anforderungen haben werden. Dabei verbrauchen wir heute bereits im Weltmaßstab Ressourcen, für deren nachhaltige Erzeugung eineinhalb Planeten nötig sind. In 30 Jahren werden wir die Kapazität von drei Planeten brauchen, was natürlich eine völlig absurde Vorstellung ist, weil wir schon lange vorher in größte Turbulenzen geraten werden, wofür die riesige Staatsverschuldung, die Migrantenströme und die Erderwärmung lediglich Vorboten sind. Wir bewegen uns, wenn wir in die Zukunft schauen, in eine Welt hinein, wo wir heute keine Ahnung haben, wie wir die Probleme meistern sollen, die sich uns stellen werden. Und da sind wir zur Überzeugung gelangt, dass dies nur klappen kann, wenn Unternehmen sich in ihren strategischen Ausrichtungen explizit an der Lösung dieser Probleme ausrichten. Und das sind natürlich Gemeinwohlprobleme; das sind Probleme, die sich der Gesellschaft als Ganzes stellen. Das sind nicht mehr Probleme von einzelnen Kundensegmenten oder von einzelnen Märkten oder von einzelnen Unternehmen. Wenn wir längerfristig denken und Erfolg haben wollen, dann führt meines Erachtens kein Weg daran vorbei, dass wir uns am Gemeinwohl orientieren und ausrichten. Aus einer normativen Perspektive betrachtet verbinden wir damit auch die Überzeugung, dass Unternehmen Beiträge zur Lösung der gesellschaftlichen Probleme leisten sollten. Dies müsste zu ihrer Aufgabe gehören. Dies wird von ihnen erwartet wird und ich denke auch zu Recht. So kann man das durchaus dann auch ethisch oder normativ begründen.

Meynhardt: Wenn man das runterbricht auf einzelne Unternehmen, auf den Manager in seinem Handlungskontext, sehen wir, dass in unseren Fallstudien der Einzelne schon einen Unterschied machen kann. Und in den Spannungsfeldern und in den Graubereichen auch Freiräume und Freiheitsgrade hat. Als Orientierungsangebot haben wir dann die Idee der Gemeinwohlpyramide entwickelt. Inwieweit, würden Sie sagen, kann die Gemeinwohlpyramide als ein Tool einem Manager helfen?

Dyllick: Ein Instrument wie die Gemeinwohlpyramide ist hier ohne Zweifel ein wichtiges Hilfsmittel zur Gewinnung von Orientierung bei kontroversen Entscheidungen. Es kann einem helfen, sich in unsicherem Gelände besser zurecht zu finden. Insofern ist es ein wichtiges und willkommenes Instrument. Was ich, von der Lehre und Bildung her kommend, als gleichermaßen wichtig erachte, ist die Einsicht, dass Instrumente, so klug und hilfreich sie sein mögen, wahrscheinlich nicht genügen werden. Es braucht zudem Praxis und Training. Ich stelle fest, wie wichtig es ist, bereits in der Ausbildung ethisches Handeln einzuüben. Es genügt nicht, dass man das intellektuell zur Kenntnis nimmt und dann weiß, dass das ein wichtiges Thema ist, oder dass man das mithilfe von Fallstudien an Drittsituationen mal durchgespielt hat. Das sind zwar Schritte in Richtung Umsetzung, aber nur kleine Schritte. Es wird letztlich darum gehen, dass wir auch in der Aus- und Weiterbildung Gelegenheit und Raum bieten, um ein solches Verhalten auch effektiv selber durchzuspielen und einzuüben. Wir müssen einüben mit Dilemma-Situationen umzugehen, damit wir für reale Konflikt- und Dilemmasituationen, in die wir alle kommen, egal was wir machen, vorbereitet sind. Wir müssen dies einüben und trainieren, wie Sportler. Dann ist man nicht völlig überwältigt und fällt zurück auf irgendwelche unreflektierten Überzeugungen, die man im Nachhinein bereut.

8 Ausblick: Das Lernen neu erfinden

Management Education for the World

> Business Schools sind in jüngster Zeit in die Kritik geraten zur Wirtschaftskrise und den dahinter stehenden Zeichen eines eigennützigen und rücksichtslosen Verhaltens in Teilen der Wirtschaft beigetragen zu haben. Das Buch „Management Education for the World" ist eine Antwort auf diese Kritik. Es entwirft eine Vision für Business Schools, die am Gemeinwohl ausgerichtet sind und Beiträge zur Lösung gesellschaftlicher und ökologischer Herausforderungen leisten möchten. Es dient damit auch als Anleitung für eine Management-Ausbildung, die sich an der Entwicklung global verantwortungsvoller Manager und Führungskräfte orientiert.
> Muff, K., Dyllick, T., Drewell, M., North, J., Shrivastava, P., & Härtle, J. (2013). Management Education for the World: A Vision for Business Schools serving People and Planet. Cheltenham, U.K: Edward Elgar.

Meynhardt: Sie formulieren in Ihrem Buch auch eine Vision für Business Schools in der Zukunft. Wie sieht diese konkret aus?

Dyllick: Wir sind von der Feststellung ausgegangen, dass die Managementausbildung, wie sie heute an den Business Schools praktiziert und gelehrt wird, nicht die Manager ausbildet, die wir in Zukunft brauchen werden. Vielleicht sind das die Manager, die wir heute noch brauchen; vermutlich waren es die Manager, die wir in der Vergangenheit gebraucht haben. Aber wenn wir uns die Herausforderungen in der Welt anschauen, dann wissen wir, dass in Zukunft die Probleme und Konflikte massiv zunehmen werden. Und wenn wir nicht Manager ausbilden, die fähig sind, mit diesen globalen, gesellschaftlichen Konflikten umzugehen, dann werden sie an ihrer Aufgabe scheitern. Das war eigentlich unsere Ausgangsüberlegung. Dann haben wir uns gefragt, wie eine Vision für eine Managementausbildung aussieht und was sich daraus für Konsequenzen für Business Schools ableiten lassen. Wir haben dann in unserer Vision drei grundsätzlichen Rollen von Business Schools definiert: Diese müssen sich ernsthaft Gedanken machen, wie sie global verantwortliche Manager ausbilden, wie sie ihre Forschung stärker an den gesellschaftlichen Herausforderungen ausrichten und wie sie sich selber aktiv an der Transformation von Wirtschaft und Gesellschaft in Richtung Nachhaltigkeit beteiligen können.

Die Wirksamkeit der Managementausbildung ist in den letzten Jahren stark kritisiert worden. Ein starker Fokus liegt auf funktionalem und disziplinärem Wissen, auf rationalen und analytischen Fähigkeiten, während integriertes und kritisches Denken sowie ethische Fragen ausgeblendet werden. Ausgeblendet bleiben aber

8 Ausblick: Das Lernen neu erfinden

auch Aspekte wie Selbsterkenntnis, Werte und Reflexionsfähigkeit der lernenden Menschen selber. Es dominiert die Wissensvermittlung, zulasten der Ausbildung von Handlungskompetenzen und zulasten der Entwicklung reflektierter Persönlichkeiten. Verantwortliche Führungskräfte aber müssen sich selber und andere verstehen, unterschiedliche Perspektiven kennen, damit sie mit Konflikten umgehen können. Wichtige Ansatzpunkte für die Ausbildung global verantwortlicher Führungskräfte sehen wir in einem transformativen Lernen, welches den ganzen Menschen einbezieht, gewissermaßen Kopf, Hand und Herz, in einem problemorientierten Lernen und in einem reflektierten Lernen aus eigener praktischer Erfahrung.

Eine zweite Rolle für Business Schools sehen wir darin, die Forschung in den Dienst der Lösung drängender Nachhaltigkeitsprobleme zu stellen, solchen der Wirtschaft und Unternehmen einerseits, der Gesellschaft andererseits. Die Forschung adressiert heute andere Wissenschaftler, nicht die Praxis. Gelesen wird sie von anderen Wissenschaftlern. Gemessen wird ihr Wert daran, wie häufig sie von anderen Forschern zitiert wird, nicht aber, ob sie Praktikern oder gesellschaftlichen Akteuren einen Nutzen erbringt. Tut sie das dennoch, so ist dies ein willkommener Nebeneffekt, nicht aber das angestrebte Ziel der Forschung. Wichtige Ansatzpunkte, wie Business Schools wirtschaftlichen Organisationen helfen können eine nachhaltige Entwicklung zu erreichen, sehen wir darin, nachhaltige Lösungsbeiträge für Wirtschaft und Unternehmen zu entwickeln, die Unternehmen und Gesellschaft einen Nutzen bringen, aber auch bestehende nicht-nachhaltige Strategien kritisch zu hinterfragen. Neben der Entwicklung von wirtschaftlichen Lösungen für Nachhaltigkeitsherausforderungen geht es aber auch um die Entwicklung integrierter Systeme für die Leistungs- und Erfolgsmessung, um die Klärung professioneller und ethischer Standards für ein nachhaltiges Wirtschaften oder um die Unterstützung heutiger Führungskräfte bei ihrer persönlichen Weiterentwicklung in Richtung Verantwortung und Nachhaltigkeit.

Eine dritte Rolle sehen wir darin, dass sich Business Schools selber aktiv an der Transformation von Wirtschaft und Gesellschaft in Richtung Nachhaltigkeit beteiligen. Denn sie stehen als zentrale gesellschaftliche Institutionen selber in der – für Hochschulen in der Schweiz gesetzlich verankerten – Pflicht zu einer nachhaltigen Entwicklung aktiv beizutragen. Wie können sie dies tun? Wichtige Ansatzpunkte sehen wir darin, den Rollenwechsel zwischen Wissenschaft und Praxis zu erleichtern, sodass die Grenzen durchlässiger und gegenseitige Befruchtungen häufiger werden. Auch sollten Business Schools dafür sorgen, dass Wissenschaftler ihre Verantwortung als öffentliche Intellektuelle wahrnehmen und ihr Wissen und Know How in gesellschaftliche und politische Willensbildungen und Entscheidungen einbringen. Und schließlich sollten Business Schools selber als Vorbilder dienen, die das, was sie vermitteln auch selber vorleben, in der Ausbildung, in der Forschung, in Weiterbildung, öffentlichem Engagement und in ihren eigenen Infrastrukturen und Prozessen.

Die Wettbewerbsintensität zwischen Business Schools hat in den letzten Jahren stark zugenommen, unter dem Druck vermehrt eigene Mittel zu generieren und begünstigt durch das starke Aufkommen von Akkreditierungen und Rankings. Dies hat dazu geführt, dass Business Schools immer stärker versucht haben, die Besten in der Welt zu werden. Dabei geht es unseres Erachtens darum, die Besten für die Welt zu werden.

Wir haben noch ein methodisches oder ein philosophisches Prinzip oder Konzept dazugestellt, das diese drei Rollen durchdringt und das ist für uns das Prinzip oder auch die Methodik des collaboratories. Was ist ein collaboratory? Das ist eigentlich die simple Idee, dass Probleme nur am runden Tisch gelöst werden können, indem wir alle relevanten Stakeholder, alle Anspruchsgruppen an einem Tisch versammeln. Es kann um praktische Probleme gehen, es kann um wissenschaftliche Probleme gehen. Aber wir werden mit der heutigen Arbeitsteilung, so, wie das heute läuft, diese Rollen und die Problemlösungen nicht hinkriegen. Die Idee, die Leitidee des collaboratories scheint uns so zentral zu sein, dass wir das eigentlich für alle Bereiche gerne als methodisches und auch praktisches Prinzip neben die drei Rollen stellen würden. Und das ist auch ein Prinzip, das wir heute in ganz unterschiedlichen Kontexten einüben und praktizieren: Von der Lehrveranstaltung in St. Gallen, wo wir an praktischen Problemen mit Hilfe eines collaboratories arbeiten, bis zur Behandlung von globalen Problemen in UN-Kontexten, wo wir mit Vertretern aus allen Bereichen an Armutsproblemen, an gender issues auch dieses Prinzip und diese Methodik anwenden, um Foren zu schaffen, wo ganz neuartige Problemlösungen erarbeitet werden können.

Meynhardt: Hinter diesen Ideen steckt mit Sicherheit viel Arbeit. Sie selbst arbeiten an den Grundlagen seit über 20 Jahren. Heute ernten Sie auch Früchte dieser konsequenten Bemühungen. Was treibt Sie ganz persönlich immer noch an bei diesem Thema?

Dyllick: Es war meine persönliche Erfahrung, dass jeder Einzelne eine Veränderung machen kann. Für mich war diese 50 + 20-Erfahrung, wo wir aus kleinsten Anfängen heraus einen großen Kreis engagierter Wissenschafter und Praktiker geschaffen haben, der diese Vision über zwei Jahre hinweg entwickelt hat, bis zur Präsentation am Prime Global Forum im Rahmen der Rio + 20 Konferenz der UN, eine überaus befreiende und ermutigende Erfahrung: Dass man neue Koalitionen schmieden konnte, dass man Mittel generieren konnte, dass man eine Aufbruchs-

8 Ausblick: Das Lernen neu erfinden

stimmung und Begeisterung schaffen konnte, dass sich neue Gestaltungsmöglichkeiten eröffnet haben, um z. B. an der Weiterentwicklung der eigenen Universität, wo ich heute als Delegierter für Verantwortung und Nachhaltigkeit tätig bin, im Rahmen nationaler Entwicklungsprogramme wie dem „Sustainable Development at Universities" – Programm der Schweizerischen Universitätskonferenz oder an der Integration von Nachhaltigkeitsnormen in internationale Akkreditierungsrichtlinien für Business Schools mitwirken konnte. Das war eine gleichermaßen befreiende wie auch motivierende Erfahrung, die mir viel Freude und Kraft gegeben und Mut gemacht haben.

Meynhardt: Was würden Sie der heute studierenden Generation empfehlen, die das Thema gut findet, wenn sie sich mit den Klassikern dieses Denkens, mit den auch für Sie wichtigen Autoren beschäftigen wollte? Was wären da für Sie Leitsterne an Literatur für junge Leute?

Dyllick: Es wird Sie nicht überraschen, aber Peter Drucker ist natürlich wirklich ein Leitstern und eine Leitfigur. Und er bietet etwas, was im Kontext der heutigen Art zu forschen, völlig aus dem Fokus und aus dem Blickfeld geraten ist. Die Forschung ist heute so atomisiert und so parzelliert, wobei das Ganze und die Zusammenhänge völlig aus dem Blick geraten. Das Ganze sieht und bearbeitet niemand mehr und stellt auch niemand mehr her. Es ist eine Art „Salamiforschung", wo nur noch dünne Scheibchen geschnitten werden, während niemand mehr die ganze Wurst sieht. Dabei geht es heute doch wirklich „um die Wurst". Und das ist das, was bei Drucker so atemberaubend ist: Dass man hier die Gesamtperspektive im Blick hat. Dass man hier die Probleme aus einer ganzheitlichen Perspektive betrachtet und dabei zu ganz fundamentalen Einsichten kommt, was Management letztlich ausmacht, was Erfolg bedeutet, was die Verantwortung des Managements betrifft. Fragen, die heute gar nicht mehr gestellt werden in der Fachforschung, weil es sich keinem wissenschaftlichen Teilbereich zuordnen lässt, der von den einzelnen hochspezialisierten Journals abgedeckt wird. Die heutige Forschung hat ihren Wert, aber sie lässt sehr große Löcher, und zwar ausgerechnet dort, wo der Bedarf am größten ist. Wir brauchen wieder eine stärker integrierende Forschung, eine integrierende Denkweise. Daran habe ich keinen Zweifel. Das sollten auch die heutigen Studierenden gar nicht erst verlernen, sondern mitnehmen auf ihre Reise. Und zu allem hin, schreibt Drucker wunderbar lesbar und klar.

Ich denke auch, dass die Einsicht, dass jeder einen wichtigen Beitrag leisten kann, egal wo er sich engagiert, in einer studentischen, einer beruflichen oder gesellschaftlichen Organisation, eine sehr ermutigende Einsicht ist. Es war Margaret Mead, die gesagt hat, dass alle Veränderungen dieser Welt immer durch Minderheiten angestoßen und realisiert worden sind. Es war nie die Mehrheit. Und das war auch eine Einsicht, die wir in unserem 50 + 20 Projekt machen mussten: Es werden nicht die führenden Business Schools sein, die als erste diese Vision umsetzen werden, weil sie zu viel zu verlieren haben. Sondern es werden die Universitäten und Business Schools im zweiten und dritten Rang sein, die diese innovativen Ideen aufgreifen und sich damit positionieren werden. So passieren Veränderungen, so passieren Innovationen, und ich sehe nicht, dass hier Universitäten eine Ausnahme sind.

Meynhardt: Lieber Herr Dyllick, ich danke Ihnen für dieses wunderbare Gespräch.

Literatur

Dyllick, T., & Muff, K. (2013). *Clarifying the meaning of sustainable business. Introducing a typology from business-as-usual to true business sustainability.* St.Gallen, October 4, 2013 (zur Publikation eingereicht).

Übergreifende Reflexionsfragen 9

Inhaltsverzeichnis

Literatur 108

Die Fallstudien sind sehr verschieden und zeigen ganz unterschiedliche Unternehmen und ihren Umgang mit Herausforderungen der Nachhaltigkeit und der gesellschaftlichen Wertschöpfung (Gemeinwohl/Public Value) auf. Einige Bezüge über die Fälle hinweg sind dennoch möglich. Diesen können Sie sich mithilfe der übergreifenden Reflexionsfragen nähern.

Reflexionsfragen

- Welche Rolle spielt die Gesellschaftsform beim Umgang mit Nachhaltigkeitsfragestellungen? Sehen Sie hier zum Beispiel einen Unterschied zwischen dem Familienunternehmen Haniel und der kotierten Aktiengesellschaft Zurich?
- In der Forschung wird zwischen „impliziter CSR" und „expliziter CSR" unterschieden (Matten und Moon 2008). Bei welchen der beschriebenen Unternehmen stellt die Wahrnehmung von gesellschaftlicher Verantwortung einen selbstverständlichen Teil unternehmerischen Handelns dar und in welchen Fällen wird gesellschaftliche Verantwortung explizit betont?
- Die verschiedenen Unternehmen sind nicht alle gleich weit bezüglich ihrer Nachhaltigkeitsbemühungen. Skizzieren Sie die jeweils dahinter stehende Historie und zeigen Sie mögliche Entwicklungsrichtungen auf. Nutzen Sie dabei auch die von Thomas Dyllick beschriebene dreistufige Typologie.
- In dem Interview zum Ausblick mit Thomas Dyllick wird die Vision einer Managementausbildung skizziert, die sich dem Gemeinwohl und der Nach-

haltigkeit verpflichtet. Inwiefern würde eine solche Ausbildung den Managern in den skizzierten Situationen helfen, richtige Entscheidungen zu treffen?
- Welche Unterschiede sehen Sie bei den Nachhaltigkeitsherausforderungen zwischen verschiedenen Branchen? Haben es Dienstleistungsunternehmen hier tatsächlich leichter als Industrieunternehmen?
- Die Gemeinwohlpyramide diente in allen sechs Fallstudien als Strukturierungshilfe. Diskutieren Sie Vor- und Nachteile des Instruments. Nutzen Sie dazu auch die Erklärungen in der Einleitung.

Literatur

Matten, D., & Moon, J. (2008). „Implicit" and „Explicit" CSR: A conceptual framework for a comparative understanding of corporate social responsibility. *Academy of Management Review, 33*(2), 404–424.

Weiterführende Literatur

Gomez, P., & Meynhardt, T. (2009). Public Value: Gesellschaftliche Wertschöpfung im Fokus der Führung. In St. Seiler (Hrsg.), *Führung neu denken – im Spannungsfeld zwischen Erfolg, Moral und Komplexität* (S. 125–170). Zürich: Orell Füssli Verlag AG.

Meynhardt, T. (2013). Public Value: Organisationen machen Gesellschaft. *Zeitschrift für Organisationsentwicklung,* 4, S. 4–7.

Meynhardt, T., & Gomez, P. (unter Begutachtung). *Do it yourself! Building Blocks for New Pyramids of Corporate Social Responsibilities.*

The manufacturer's authorised representative in the EU is Springer Nature Customer Service Centre GmbH, Europaplatz 3, 69115 Heidelberg, Germany. If you have any concerns regarding our products, please contact ProductSafety@springernature.com

Printed and bound by CPI Group (UK) Ltd, Croydon, CR0 4YY

23/03/2026

02076400-0011